Eugen Altner

**Über die Chastiements in den altfranzösischen Chansons de geste**

Eugen Altner

**Über die Chastiements in den altfranzösischen Chansons de geste**

ISBN/EAN: 9783743489783

Hergestellt in Europa, USA, Kanada, Australien, Japan

Cover: Foto ©ninafisch / pixelio.de

Manufactured and distributed by brebook publishing software (www.brebook.com)

Eugen Altner

**Über die Chastiements in den altfranzösischen Chansons de geste**

# ÜBER DIE
# CHASTÏEMENTS

IN DEN

## ALTFRANZÖSISCHEN CHANSONS DE GEST

---

## INAUGURAL-DISSERTATION

ZUR ERLANGUNG DER DOCTORWÜRDE BEI DER PHILO-
SOPHISCHEN FACULTÄT DER UNIVERSITÄT LEIPZIG

EINGEREICHT VON

### EUGEN ALTNER
AUS BORNA.

---

LEIPZIG.
DRUCK VON OSWALD MUTZE.
1885.

# MEINER

# LIEBEN MUTTER.

Man hat in neuerer Zeit angefangen, die Werke der ersten Blütenperiode der französischen Poesie von verschiedenen Gesichtspunkten aus zu betrachten, hat aber bis jetzt nur wenig Berücksichtigung einer Seite der Chansons de geste angedeihen lassen, die eine wissenschaftliche Behandlung immerhin belohnen würde, nämlich der didaktischen. Einen bescheidenen Beitrag zur Behandlung des didaktischen Elementes in den altfranzösischen Chansons de geste sollen die folgenden Blätter liefern, in denen ich mir vorgenommen habe, die Chastïements einer näheren Betrachtung nach verschiedenen Gesichtspunkten hin zu unterwerfen, die bis jetzt, soviel mir bekannt, eine eingehendere Behandlung nirgends gefunden haben.

Das Wort castoier, chastoier, castïer, chastïer (dies sind die gebräuchlichsten Formen, in denen das Wort vorkommt) hat im Altfranzösischen verschiedene Bedeutungen. Es heisst: schelten, tadeln, zurechtweisen; aber auch: unterweisen, belehren. Demnach verdienen eigentlich alle Stellen, auf die irgend eine der erwähnten Bedeutungen Anwendung finden kann, den Namen Chastïement. Jedoch gewöhnlich versteht man unter der Bezeichnung Chastïement nur diejenigen Stellen, in denen sich allgemeine Ratschläge und Lehren finden. Auch ich habe in Folgendem den Begriff Chastïement so aufgefasst und nur in diesem Sinne behandelt.

Allgemeine Aussprüche, Citate (aus der Bibel, aus alten Gesetzen etc.) lehrhaften Inhalts, Sprichwörter, habe ich nur dann in Kreis meiner Betrachtung gezogen, wenn sie mit einem Chastïement verknüpft oder in dasselbe eingeschlossen auftreten. Sie sind zum Teil schon in Spezialuntersuchungen behandelt worden.

Da die Chastïements in kulturgeschichtlicher Hinsicht nicht unwichtig sind, so habe ich diese Seite in meiner Arbeit nicht ganz ausser Acht gelassen. Es dürfte mir aber nicht gelungen sein, in dieser Hinsicht viel Neues zu bieten, da schon grössere, kulturgeschichtliche Werke (z. B. Schultz, Das Höfische Leben zur Zeit der Minnesinger) die Chastïements berücksichtigt haben.

Ich lasse nun eine Uebersicht der Texte folgen, die mir das Material zu meiner Abhandlung geliefert haben:

1. (A). Aiol et Elie de St. Gille herausgeg. v. Wendelin Förster. Heilbronn 1876 ff.
2. (Acq.). Le Roman d'Acquin ou la Conqueste de la Bretaigne p. p. F. Joüon de Longrais. Nantes 1880.
3. (A. et A.). Amis et Amiles und Jourdains de Blaivies, herausgeg. von Karl Hoffmann. Erlangen 1882.
4. (Ag.). Agolant in: Der Roman von Fierabras, herausgeg. von Immanuel Bekker. Berlin 1829.
5. (Alisc.). Aliscans.*)
6. (Aub.). Auberon in: I complementi della Ch. d'Huon de Bordeaux p. da A. Graf. Halle 1878.
7. (Aubr. B.). Auberi le Bourgoing in: Der Roman von Fierabras, herausgeg. von Immanuel Bekker. Berlin 1829.
8. (Aubr. T.). Aubery le Bourgoing in: Mitteilungen aus altfranzösischen Handschriften von Adolf Tobler. Leipzig 1870.
9. (B. a. g. p.). Berte aus grans piés, p. p. Aug. Scheler. Bruxelles 1876.

---

*) Veröffentlicht in der Collection: „Les Auciens Poëtes de la France", publiés sous la direction de F. Guessard. Paris 1859 ff.

10. (B. d. C.). Bueves de Commarchis, p. p. Aug. Scheler. Bruxelles 1874.
11. (B. d. S.). Li Romans de Bauduin de Sebourc, poëme du 14. siècle, publié pour la première fois, d'après les manuscrits de la bibliothèque royale. Valenciennes 1841.
12. (Ch. d.'A. I. u. II). La Chanson d'Antioche composée p. le Pélerin Richard, p. p. Paulin Paris. Paris 1848. 2 Bde.
13. (Ch. des S. I. u. II). La Chanson des Saxons p. p. Francisque Michel. Paris 1839. 2 Bde.
14. (Charr. N.). Li Charrois de Nimes in: Guillaume d'Orange, p. p. Jonckbloet. La Haye 1854.
15. (Chev. C.). Le Chevalier au Cygne et Godefroid de Bouillon, poëme historique p. p. le baron de Reiffenberg dans les: „Monuments pour servir à l'histoire des provinces de Namur, de Hainaut et de Luxembourg". Bruxelles 1846.
16. (Chev. O.). La Chevalerie Ogier par Raimbert de Paris, p. p. Barrois. Paris 1842.
17. (Conq. J.). La Conquête de Jérusalem, composée p. le Pélerin Richard, p. p. C. Hippeau. Paris 1868.
18. (Cor. L.). Li Coronemens Looys in: Guillaume d'Orange, p. p. Jonckbloet. La Haye 1854.
19. (Cov. V.). Li Covenans Vivien ebendaselbst.
20. (D. d. M.). Doon de Mayence.*)
21. (Enf. G.). Enfances Guillaume in: Guillaume d'Orange, chanson de geste du 12. siècle, mise en nouveau langage p. Jonckbloet. Amsterdam 1867. (Die Enfances Guillaume sind bis jetzt, so viel mir bekannt, noch nicht veröffentlicht.)
22. (Enf. O.). Les Enfances Ogier p. Adenés li Rois, p. p. Aug. Scheler. Bruxelles 1874.
23. (F.). Fierabras.*)

---

*) Siehe Anmerkung S. 4.

24. (F. d. C.). Le Roman de Foulque de Candie p. Herbert Leduc de Dammartin, p. p. P. Tarbé. Reims 1860.
25. (G.). Gaufrey.*)
26. (Gd.). Gaydon.*)
27. (G. d. B.). Godefroid de Bouillon in: Le Chevalier au Cygne et Godefroid de Bouillon, poëme historique p. p. le baron de Reiffenberg dans les: Monuments pour servir à l'histoire des provinces de Namur, de Hainaut et de Luxembourg. Bruxelles 1846.
28. (G. d. M.). Girbert de Metz in Böhmers Romanischen Studien. Bd. I. S. 441 ff. herausgeg. von E. Stengel.
29. (G. d. V.). Gerard de Viane in: „Der Roman von Fierabras", herausgeg. v. Imm. Bekker. Berlin 1829.
30. (G. l. L.) Li Romans de Garin le Loherain, p. p. P. Paris. Paris 1833. 2 Bde.
31. (H. C.). Hugues Capet.*)
32. (H. d. B.). Huon de Bordeaux.*)
33. (J. d. Bl.). Jourdains de Blaivies in: Amis et Amiles und Jourdains de Blaivies, herausgeg. von Karl Hofmann. Erlangen 1882.
34. (Horn). Roman Horn in: „Ausgaben und Abhandlungen aus dem Gebiete der roman. Philologie", herausgeg. von E. Stengel. Heft 8.
35. (Mac.). Macaire.*)
36. (Main.). Mainet, herausgeg. von Gaston Paris in der Romania, Bd. IV, S. 330 ff.
37. (Mort G.). La Mort de Garin le Loherain, p. p. E. Duméril.
38. (P. l. D.). Parise la Duchesse.*)
39. (Pr. d. P.). La Prise de Pampelune in: Altfranz. Gedichte, herausgeg. v. Adolf Mussavia. Wien 1864.
40. (R. d. C.). Li Romans de Raoul de Cambrai, p. p. Edward le Glay. Paris 1880.

---

*) Siehe Anmerkung S. 4.

41. (R. d. M.). Renaut de Montauban, herausgeg. von Michelant. Stuttgart 1862. Litterarischer Verein.
42. (Rol.). La Chanson de Roland. Édition Gautier.
43. (Ronç.). Le Roman de Ronçeaux p. p. Francisque Michel. Paris 1869.
44. (V. d. Ch.). Le Voyage de Charlemagne à Jérusalem et à Constantinople, herausgeg. von Ed. Koschwitz. Heilbronn 1880.

Ausserdem benutzte ich noch die in der Schrift von Feist: „Die Geste des Loherains in der Prosabearbeitung der Arsenalhandschrift" citierten Chastïements der Handschrift S der Lothringer (vergl. Ausgaben und Abhandlungen, Heft XX. S. 27, Anm.), für deren gütige Ueberlassung ich dem Herrn Verfasser meinen besten Dank sage. (Bezüglich der Handschrift S der Lothringer vergl. Vietor, die Handschriften der Geste des Loherains. S. 11.)

Wenn ich diese Stellen citiere, gebrauche ich die Abkürzung: Les L., sonst werde ich mich in Folgendem bei Citaten immer der in vorstehendem Verzeichnis vor den einzelnen Werken angeführten Abkürzungen bedienen. Wenn in den Werken die laufende Verszahl angegeben ist, so citiere ich diese, wenn nicht, die Seitenzahl.

In nachfolgenden, meist kleineren Chansons de geste und Bruchstücken solcher habe ich keine Chastïements gefunden:

Otinel, Floovant, Aye d'Avignon, Gui de Nanteuil, Gui de Bourgogne, Elie de St. Gille, Moniage Guillaume (in der neufranz. Uebersetzung von Jonckbloet, die Ausgabe der Moniage Guillaume von Karl Hofmann, München, war mir leider nicht zugänglich), La Prise d'Orange (gehört zu Guillaume d'Orange.)

Fragmente: La Mort du Roi Gormond, La Reine Sebile, La Destruction de Rome, Entrée en Espagne, Syracon.

# I. ABSCHNITT.

## Was für Lehren werden in den Chastïements gegeben?

Die Lehren, welche uns in den Chastïements dargeboten werden, sind ausserordentlich zahlreich und berühren die verschiedensten Seiten des mittelalterlichen Lebens. Wir werden sie in vier Abteilungen behandeln und in denselben zeigen, wie man sich im Mittelalter, den in den Chastïements erteilten Lehren zufolge, als **Christ** (in Bezug auf die Religion und ihre Vorschriften), als **Ritter**, als **Herrscher**, als **Untertan**, endlich als **gewöhnlicher Mensch im gesellschaftlichen Leben** zu betragen hatte.

### 1. Christlich-Ethische Lehren.

Vorausschicken will ich, dass Lehren, die auf die **muhamedanische** Religion oder auf die gewöhnlichen heidnischen Götter Bezug nehmen, **gar nicht** in den Chastïements vorkommen, wie überhaupt auf heidnischer Seite selten Chastïements erteilt werden. Dagegen findet sich in Bauduin de Sebourc, einer Chanson de geste des 14. Jahrhunderts, also einer ziemlich späten Dichtung, die schon stark zur Gattung der Abenteuerromane hinüberneigt, eine Stelle, in der ein Sonnenanbeter seinen Sohn ermahnt, die Sonne als seine Gottheit zu verehren.

„Biaux fiex, croi le soleil que vois a ciel luisant,
Car ch'est chius qui nous donne é qui va envoïant.
Tout chou dont gouverneit sont femmes et enfant."
B. d. S. Chant XVII, 794—96.

Lehren, die die christliche Gottheit zum Gegenstande haben, finden sich häufig. Ueber Gott finde ich folgende Vorschriften:

„Habe Vertrauen zu Gott."

„Aiez fiance en deu de majeste." J. d. Bl. 2744.
„Or vous fyés en Dieu, et il vous aidera." Chev. C. 1241.
„En Deu aiés fiance, qui nos tient à ses fis." Conq. J. 2150.
„Buens chevaliers, aiez en Dieu fiance." F. d. C. S. 62 oben.
„Aiés fianche en Dieu, le pére droiturier." B. d. S. Chant. XIV, 1350.
„Aÿons fianche en Dieu, le vrai roi paradin." ib. Chant. XX, 495.
„Barons, ayez confiance en Dieu, qui est tout-puissant." Enf. G. Abschnitt. XI. S. 82.

„Denke an Gott."

„Or nos doit or de deu bien remembrer." Ag. fol. 176. S. 184.
„Souviégne vous de Dieu et de sou saint comant." Ch. d'A II. S. 256, 12.
„Miles, frans chevaliers, sovigne vos de Dél!" P. l. D. 502.
„Souviégne vous de Dieux omnipotent." G. d. B. 8731.

„Sei eingedenk der Liebe Gottes."

„Mais à l'amour de Dieu ayés le cuer enclin." G. d. B. 6865.

„Halte Gott lieb und wert."

„Moult devons Damleden amer et tenir chier." Conq. F. 709.
„Bien devons Damleden amer et tenir chier." ib. 917.

„Diene Gott."

„Baron françois, pansez de Deu servir." Ronç. S. 215.
„Baron dist Karles, bien devons Deu servir." ib. S. 297.

„Glaube an Gott."

„Croi Dieu de tout poisant, saches tu araes droit." B. d. S. Chant XI, 477.

„Vassaus, créés à Dieu qui fist de l'iauwe vin." ib. Chant XXII, 113.

„Bete Gott an."

„Donnés as povres gens; soyés dieux aourant." G. d. B. 3498.

„Werde Gott nicht abtrünnig."

„Demeure à Dieu; ne te puis conforter." H. d. B. 7119.

„In Bezug auf Christus finden sich ähnliche Lehren, aber weniger zahlreich:

„Werde Christus nicht abtrünnig."

„Se ne laissiés Jesu le creator." Aubr. B. 159.
„Se ne laissiés le fil Sainte Marie." ib. 178.
„Hues, dit il, à Jhesu demourés. H. d. B. 7115.

„Glaube an Christus."

„Amis, créés chellui qui pour nostre garant
Laissa le sien corps métre en le crois souffisant." R. d. S Chant XI, 211—12.

„Vassaus, créés à Dieu qui fist de l'iauwe vin." ib. Chant XXII, 113.

„Denke an Christus."

Et dist: „Souviègne vous de Dieux omnipotent,
Qui moru en la croix pour nostre sauvement." G. d. B. 8731—32.
„Or nos doit or de deu bien remembrer,
Qui se lessa por nos en croiz pener." Ag. fol. 176. S. 184.

Auch die Jungfrau Maria wird erwähnt:

„Habe Vertrauen zur Jungfrau Maria."

„Et fiance aies en la Vierge pucele." H. d. B. 2635.

Der Heilige Geist als dritte Person der dreieinigen Gottheit wird in den Chastïements gar nicht genannt, obwol er an andrer Stelle vorkommt. Die Scheidung zwischen den Personen der christlichen Dreieinigkeit wird nirgends streng durchgeführt. Man begreift die eine Person in der andern und durch die andere. Wie wir eben gesehen haben, wird in Aubr. B. 159

Jesus le creator genannt und in G. d. B. 8731 und Ag. S. 184 wird von Gott gesprochen, der am Kreuze für uns starb.

Ausser diesen Ausdrücken, welche auf die einzelnen Personen der christlichen Gottheit Bezug nehmen, finden sich auch allgemeiner gehaltene: „Habt guten Glauben", „Habt wahren Glauben" u. s. w.

„Bone creance aiés, Diex iert nos avoés!" Conq. f. 6340.
„Aions vraie créanche, morons en bon argu." B. d. S. Chant XII, 444.
„Aions vraie mémore et vrai cuer entérin." ib. XIV, 385.
Et disiait: „bonne gent, aïés vraie pensée." ib. XVIII, 25.

Die Ehrfurcht, die man der Gottheit entgegenbringt, soll man auch, dem Chastïement zufolge, auf die **Diener Gottes** und seine **Institutionen auf Erden** übertragen. Wir finden daher die Lehren:

„**Ehre und liebe die Geistlichen.**"
„Portés honnor et amor au clergié." H. d. B. 213. ib. 411.
ib. 565.

„**Ehre die Geistlichen und sprich schön zu ihnen,**"
heisst es auch in Doon de Mayence, aber gleich hinterher folgt die Klugheitsregel: „**Lass ihnen indess so wenig als möglich von Deiner Habe.**"

„Honnore tous les clercs, et bel leur parleras;
Mais lesse leur du tien, le moins que tu pourras:
Quant plus aront du tien, plus gabez en seras;
Quant l'aras enrichy, jamais n'en joyras." D. d. M. 2458—61.

Bezüglich der **Institutionen** Gottes finden wir:

„**Vernachlässige Kirche und Gottesdienst nicht.**"
„Soyés le sierviche de Dieu volentiers escoutant." G. d. B. 3499.
„A sainte glise pensés du repairier." H. d. B. 214. ib. 410.
ib. 564.

„**Hörc jeden Tag die heilige Messe.**"
„Chascuns jour, beaul doulx filz, la saincte messe aurras."
D. d. M. 2433.

„Diene der heiligen Kirche wol, damit dich
der Teufel nicht verunglimpfe."

„Saintes églises pensez de bien servir,
Que ja deables ne te puisse honir." Cor. L. 157—58.

„Zerstöre nicht Kirchen und Klöster."

„Fix, ne destruire chapéle ne mostier." R. d. C. S. 42 oben.
„Mais ke ne soit à destruire mostier." G. d. V. 790.

„Mache keinen Lärm im Münster und keine
Scherze.

„Jamais noise au moustier ne moustrez ne nul gas;
Ce font les mescréans que Dieu n'y aime pas." D. d. M.
2458—59.

Wir kommen nun zu denjenigen Lehren, welche das christliche Zusammenleben zum Gegenstand haben, sowie die Pflichten, die dasselbe dem Einzelnen seinen Mitmenschen gegenüber auferlegt.

„Gib den Armen."

Es ist dies eine Mahnung, die auch im eigenen Interesse der Jongleurs lag (die ja selbst grösstenteils arm waren) und die desshalb auch oft genug in den Chansons de geste wiederkehrt, wenn auch lange nicht so oft, wie die zur Freigebigkeit, wie wir später sehen werden.

„Donnés du vostre as povres volentiers." H. d. B. 215. ib. 566.
„Donnés as povres gens; soyés dieux aourant." G. d. B. 3498.
„Et donne aux povres gens aussi, quant tu l'arus,
Car Dieu te rendra tout; au double le raras." D. d. M. 2434—5.

„Richte die Armen nicht zu Grunde."

„La povre gent, por Dieu, ne essilier." R. d. C. S. 42 oben.
„Ne povre gent desrober n'axilier,
Vers damedieu ne doit nuns guerroier." G. d. V. 991—92.
„Les povres gens deportées volentiers." H. d. B. 412.

„Begehe weder Schlechtigkeit, noch Sünde,
Wollust, Unrecht und Verrath."

„Tort ne luxure ne pechie ne menez,
Ne traÿson vers nului ne ferez." Cor. L. 66—67.

„Vilanie eschivez, si aiez cortoisie." Ch. des S. II. S. 100.
„Quant Dex fist rois por peuple essaucier,
Il ne'l fist mie por fauxe loi jugier,
Fere luxure et alever pechiez." Cor. L. 176—78.
„Seignor, por Deu, or n'i ait mauvaistié!" Gd. 6805.
„Gardez ne face nul de vous malvestié,
Que il ne soit à voz hers reprové!" Avg. 2465—66.

„Sei nicht falsch, sondern wahr und aufrichtig."

„Fiuls, dist la damme, or ne soiez faillis." Gd. 4292.
„Ses fiz escrie: „Or ne soiez failli." ib. 6986.
„Gardez ne face nul de vous fauceté." Acq. 2852.
„Bians trés dous niés, gardés vo loiauté. H. d. B. 2603.
ib. 5387. ib. 6169.
„Fius, soies vrais, s'aies le cuer entier." Aubr. T. S. 170, 15.
„Soies preudons et plains de loiauté." Hervis de Metz.
(Histoire littéraire d. l. France. Bd. 22, S. 595)
„AYons vraie memore et vrai coeur entérin." B. d. S. Chant.
XIV, 388.

„Sei brav und bieder."

Or soiez si preudome que Diex vous vueille amer." B. d. C. 78.
„Et vous soÿes preud'omme, vous amis secourrés!" B. d. S.
XVIII. 879.
„Sire, font-il, or soiez si preudon
K'en toutes cours de vous parler puist on." Enf. O. 2503—4.
Et dist Ogiers Charlot: „Soiés preudon." ib. 2712.
„Soies preudons et plains de loianté." Hervisd. Metz. (Hist.
litt. d. l. Fr. XXII, S. 595).
„Soies preudomme et bon combatéor." R. d. C. S. 162.
„Soies preudomme et ne voz desperez." Gd. 2019.
„Soies preudomme et je voz aiderai." ib. 8028.
„Preudomme devons estre, ne vous desconfortés." F. 4727.

„Handle gut."

„Trés douz enfant", fait ele, pensés dou bien ouvrer." B. d. C. 77.

„Lüge nicht."

„Ne soies as barons, ço gardes, mençoigniers." R. d. M.
S. 141, 15.
„Ales coe dit Rigmel-seez uerai parler." Horn C. 913.
„Et des mençongues dire anques vous astenés." Ch. d'A. II.
S. 274, 4.

„Werde nicht meineidig."

„Nus home de vostre eage, qui le poil ait flori,
Ne se doit parjurer por fil ne por ami." A. d. M. S. 79, 17.

„Sprich nicht falsch Recht."

„Faittes boins jugemens; n'ales point variant." G. d. B. 3501.
„Jou vous conjor, desor vo loianté,
Et sor le foi que me devés porter,
Que vous, signor, parmi droiture alés." H. d. B. 9891—93.
„Or gardons bien ne disons fauseté." 9908.
„Faites droit en vo court et loial jugement." B. d. S. Chant.
XXII, 286.
„Quant Dex fist rois por le peuple essaucier,
Il ne'l fist mie por fauxe loi jugier." Cor. L. 177.

„Haltet unter einander Freundschaft und Treue."

„Ne vois esmaiés mie, soit li uns l'autre amis." Conq. F. 2150.
„Car li. I. ne doit l'autre en nul endroit fauser." ib. 5020.
„Bien devons ly ung l'autre chier tenir et amer." H. C. S. 104.
Et dient humblement: „Soions vray compaignon." G. d. B. 8540.
„Li uns gart tondis l'autre en boines loiantez,"
Se nus de nous i ciet, que tost soit relevés,
Ne pour mort ne pour vie gardés ne vous falés." F. 3522—24.
„Si pensés de l'un l'autre amer et tenir chier." B. d. S.
XIV, 1351.
„Touz debvon estre et parents et amy!" Acq. 580.

„Verzeihe Einer dem Andern."

„Pardonnons l'un a l'autre, car qui ne pardonra,
Já Dieux ly tous poissans pardon ne ly fera." G. d. B. 8533.

„Sei demüthig."

„Et pourtant je vous pry, et deça et delà,
Que trestous ly plus graus de tous ciaus qui sont çá
Se voelle iestre petis, car s'orguel en ly a
Je vous ay encouvent orghieus le honnira." G. d. B. 8525—28.

„Sei mitleidig."

„Et se tu fiers le chiens, quant tu l'encontreras,
Ce il ne t'a meffait, sachez que mal feras;
Chascun dira de toy: Cestuy n'ame je pas;
Car en luy n'a pité ne qu'il ot en Judas." D. d. M. 2483—6.

„Liebe und ehre deine Freunde und Verwandten."

„Soyes simples et dous envers tous vos amis." Les L. Bl. 43ᵃ, 6.

„Anfant, dist-elle, molt nos devés amer,
Et vostre père servir et honorer." R. d. C. S. 319 unten.
„Ames les vos . . . . . . . . . Mort G. S. 84 Mitte.

Aber in den Lothringern wird dieser christlichen Mahnung sofort die andere, weniger christliche, beigefügt:

„Hasse deine Feinde und tödte sie."
„Ames les vos, haes vos anemis." Mort G. S. 84 Mitte.
„Soyes fel et estous contre tes anemis." Les L. Bl. 43ᵃ, 7.
„Ses anemis doit ensi espyer
Au branc d'achier ochire et detrenchier. Les L. Bl. 55ᵃ, 35—36.

In der Chevalier Opier findet sich eine ähnliche Aufforderung:

„Or vos convient des esperons férir
Et bon requerre vos morteus anemis." Chev. O. 7331—32.

Diese Mahnung, wenngleich der christlichen Lehre widersprechend, liegt doch ganz im kriegerischen Sinne der Zeit. Am wenigsten darf es uns wundern, wenn wir sie in der Chanson de geste des Loherains finden, einer Chansan, in der die fessellosen Leidenschaften, die ganze kampflustige Wildheit und Rohheit jener Zeit den schlagendsten Ausdruck finden.

Die Fülle von christlichen Lehren, die uns, wie wir eben gesehen, in den Chansons de geste entgegentritt, zeigt, wie tief damals schon das Christentum im Herzen des Volkes Wurzel geschlagen hatte. Dass aber im Volke auch der Drang vorhanden war, den christlichen Glauben weiter auszubreiten und ihn Andersgläubigen aufzunötigen, davon legen die folgenden Lehren Zeugnis ab:

„Halte den christlichen Glauben hoch und breite ihn aus."

„Guerryés Sarrasins en no loy exauçant." G. d. B. 3505.
„Pensés de la loi Dieu toutes fois essauchier." G. 250. ib. 1458.
„Por amor Deu sa parole adrecier." Cor. L. 185.

Gemeint ist hier immer eine Ausbreitung des Christenthums mit Feuer und Schwert, eine **Bekämpfung** der Heiden, die jener kriegerischen Zeit mehr zusagte, als eine friedliche Bekehrung derselben.

„**Kämpfe nie gegen die Christenheit.**"
„N'ales crestïenet nullement guerriant." G. d. B. 8502.

## 2. Lehren, welche sich auf den Ritterstand beziehen.

**Drei Cardinaltugenden** sind es, die ein Ritter den Chastïements zufolge besitzen muss: **ritterliche Tapferkeit und Tüchtigkeit (proesce), Freigebigkeit (largesse)** und **Höfischheit, feines, ritterliches Benehmen (cortoisie)**. In erster Linie kommt aber die proesce.

„**Sei mutig, tüchtig und tapfer; sei kein Feigling.**"

„Hardi soies as armes et fier comme lion. G. 9211.
„Mais soies chevaliers ardiz et adurez." P. 1. D. 589.
„De couardise ne soiés ja retés." Alin. 8023.
„Gardes que en vous n'ait paour ne couardie
Mès deffendés vous si que tout le monde die
Vous estes bon vassal plain de chevalerie." D. d. M. 10493.
„Soies corageus envers tes anemis." Chev. O. 7316.
„De una ren vos ro à mo inschant
Qe çascun de vo soiar pros e valant." Mac. 2564—65.
„Fius, soies vrais, s'aies le cuer entier." Aubr. T. S. 170, 15.
„Ne soiez mie ne lasnier ne taisanz." J. d. Bl. 1772.
„Soyes preus et conquerans tous dis." Les. L. Bl. 20[b], 37.
ib. Bl. 48[a], 5.
„Biaus nies font il soies prous et hardis." G. l. L. II. S. 30.
„Or soiez prous et chevaliers hardis." ib. I. S. 152, 6.
„Soies hardis et cheualiers gentis. G. d. M. S. 514, 10.
„S'on vos assaut, très bien vos defendeis." ib. S. 444, 9.
„Soies preudomme et bon combatéor." R. d. C. S. 162 Mitte.
„Hardis soiés et chevaliers en grés." ib. S. 229 oben.
„Franc chevalier, soiez bon poignéor." Rong. S. 170 Mitte.
„Or soiez prou, por Deu de paradis." ib. S. 175 unten.
„Bon chevalier, ne soiez mal pensant
Que nus preudome male chanson n'en chant." ib. S. 195.

„Seignor Fransois, ne vous tenez pas lans." ib. S. 178.
„Seignurs baruns, n'en alez mes pansant.
Pur Deu vus pri que ne seiez fuiant." Rol. 1472—73.
„Gardez, por Deu, que n'i ait couardie." Gd. 4962.
„Gardés male canchons n'en soit de nous cantée,
K'il n'i ait couardie faite ne pourparlée." F. 5351—52.
„Seigneurs, dist Daciens, soies de grant valor,
Ne vous esmaiés mie, soiés bon teréor." Ch. d'A. I, S. 114, 7.
„Baron, aiés les cuers adurés et entiers." ib. II, S. 211, 5.
„Quiconques vos asaille, très bien vos desfendes." R. d. M.
S. 80, 21.
„Et soies preus et sages et larges vivendiers." ib. S. 141, 14.
„Et cil qui che set bien qu'il iert saus et garis,
Porquist onques coars, recréans n'esmaris." Conq. J. 1002—3.
Les dames lor escrient: „Ne soiés pas lanier." ib. 3219.
„Or soiés aujourd'ui hardi et combatant." B. d. S. I, 401.
„S'aÿes le coer hardi, ou jà riens ne vaures
Ressamblés vostre père, qui tant fu naturés,
Qui fu li plus hardis de. XXX. roÿautés." ib. Chant. XVIII,
829—31.
„Je vos prie, biaus fiex, coer de lyon prendés. ib. 880.
„Or faites tant qu'en bien en soit parlé,
Que de Charlon ne nous soit reprouvé,
Qu'il ait en nous nul point de lascheté." Enf. O. 1623—25.
„N'en alez mie à guise de lanier." ib. 1697.
„Or voelliés resambler vo lignage vaillant." G. d. B. 3496.
„Demonstrés hardiment et fière cruauté." ib. 5316.
„Ayés bon cuer en vous, n'ayés cière esbahie." ib. 9284.

„Fürchte den Tod nicht, sondern suche ihn (wo es sich um den Kampf für Gott, gegen die Ungläubigen handelt.)"
„Ne dotés pas la mort, mais alés la querant." Conq. J. 5333.
„Ne redoutés la mort, mais allez la querant." Ch. d' A. II,
S. 256, 11.
„Nus ne se doit esmaier de morir." Ronç. S. 297 Mitte.
„Ne redoubtés la mort, pour Dieu, jà n' i pensés:
Car qui redoubte mort, par Dieu qui fu pénés,
Jà blaus fais ne serra de par lui aklevés." B. d. S. XVIII,
881—83.

„Fürchte weder Mühen noch Schmerzen."
„Biaus niés," dist il, „or soiez souvenans
Que joenes hom, ou point qu' il ert venans,

Puis que d'onnour conquerre est goulousans,
Ne doit douter ne poines ne ahans;
En tous poins d'armes doit estre aventurans." Enf. O. 2516—20.

„Nimm den Tod willig hin."
„Prendons en gré la mort, franc noble palasiin." B. d. S.
Chant XIV, 385.
„Je vous pry, biau seigneur, prendés le mort en gré." G. d.
B. 10368.

Am häufigsten nach der proesce wird in den Chastïements die largesse als ritterliche Tugend empfohlen und dies wird uns nicht wundern. Hofften doch die Jongleurs am meisten auf Ausübung dieser Tugend zu ihrem Nutz und Frommen.

„Sei freigebig."
„Soyés large et courtois, débonnaire et saçant." G. d. B. 3497.
„Soiiés courtois et larges vivendiers." H. d. B. 567.
„Et soies preus et sages et larges vivendiers." R. d. M.
S. 181, 14.
„Soiez cortois et larges et de doner apris,
Donez l'or et l'argent et le vair et le gris,
Quar doner est la rien qi plus monte à haut pris." Ch. des
S. I, S. 86, 5—7.
„Donez-an largement vostre chevalerie,
N'on tenez devant ax la monte d'une alie." ib. II. S. 100. 4—5.
„L'avoir que conquerrez ne tenez an baillie:
Sodoier aimment molt qi largement desplie." ib. 9—10.
„Nus avers princes ne puet monter en pris." Cher. O. 733 f.

Ganz dieselben Worte finden sich G. l. L. I. S. 239 unten und G. l. L. II. S. 147 unten. An letzterer Stelle wird noch hinzugefügt:

„Ains est domages et dolors quant il vit."

Wir haben hier also eine ganz eindringliche Ermahnung zur Freigebigkeit.

„Ames vos hommes et leur donnes tout dis
Chevaus et armes les palefrois de pris
Par cest affaire tourneres vous en haut pris." Les L. Bl. 43a,
8—10.
„Sire, cil sir che vieut examplir autement
Doit prometre e donier à cescun largement

Selong le être de lu et de cil che atent
Le don et mostrier li buen vis e buen talent.
Bien savés che Alixandre sourmunta tote gient
Trou plus par bien prometre e donier noblement
Che par nule autre çouse, com vous oiés sovent.
E cil che avés promet e de donier est lent
Dexire de seignour venir pis che sargient;" Pr. d. P. 5599—607.
„Donnez bien largement à tous vo chevalier,
Que la nouele eu voist desi au Mont Pellier." G. 4764—65.
„Hantez lez plus vaillans et despendez assez." H. C. S. 95, 2.
„Soiez largez à tous; car, tant plus tu donras,
Plus acquarras d'onneur et plus riche seras;
Car n'est pas gentilz hons cil qui est trop eschars,
Quen la fin tout ne perde, et meurt chetif et las." D. d. M.
2436—39.

Der alte Gui de Magence, der Vater des Doou, ist es, der diese letztere Mahnung seinem Sohne mit auf den Weg gibt. Aber der welterfahrene Alte setzt gleich darauf hinzu:

„Mais donne sans promettre là où que tu pourras." D. d. M.
2440.

Als dritte Haupteigenschaft eines guten Ritters wird Höfischheit angesehen. Diese wird aber in den Chastïements weniger oft empfohlen, als die beiden schon genannten Rittertugenden: die proesce und die largesse

„Sei höfisch (courtois)."

„Vilanie eschivez, si aiez cortoisie." Ch. des S. II. S. 100, 8.
„Soiiés courtois et larges vivendiers." H. d. B. 567.
„Soyés large et cortois, débonnaire et saçant." G. d. B. 3497.
„Soiez cortois et larges et de doner apris." Ch. des S. I.
S. 86, 4.
„Soies hardis et cheualiers gentis." G. d. M. S. 514, 11.

Vorschriften über das Benehmen der Ritter den Damen gegenüber bietet eine Stelle in Auberi.

„Les beles dames doit on tontost amer,
Et les puceles seruir et honnerer;
Bien se doit on traueiller et péner,
Et en bataille hardiement fraper.
Por bele dame doit on en pris monter;
Il la fait bon baissier et acoler." Aubr. T. S. 20.

Auch **Ehrenhaftigkeit** wird vom Ritter verlangt:

„Et pour ce je vous pri, bieus sire, doucement
Che ensi com vous n'avés mentu ancour de noient,
Che à vetre honour gardiés dejusque aou feniment." Pr. d. P. 5623 - 25.

Einmal findet sich auch ein allgemeiner Ausdruck, der alle guten Eigenschaften, die man von einem Ritter verlangen kann, in sich zusammenfasst:

„Sei ein guter Ritter."
„De moi te mambre, soiés boin chevalier. G. d. V. 229.

Weitere allgemeine Eigenschaften, welche das Wesen eines guten Ritters ausmachen, finden sich in den Chastïements nicht empfohlen, wol aber noch Vorschriften über das Verhalten der Ritter in **gefährlichen Lagen, z. B. im Kriege, Einzelkampf** u. s. w.

Ueber das **Verhalten im Kriege** findet sich Folgendes in den Lothringern:

„Biaus fils, dist il, je vous aim et tienc chier
On ne doit mie folement cheuvalchier
Hons ki gerroie se doit trop bien gaitier
Garde pourprendre et le paip cerkier
La nuit errans et le jour herbergier
Ses anemis doit ensi espyer
Au branc d'achier ochire et detrenchier." Les L. Bl. 55ᵃ, 30—36.

Naimes giebt seinem Neffen Ogier in den Enfances die Mahnung:

„Wenn du vom Zuschlagen matt bist, so verliere deshalb nicht gleich den Mut."
„Se dou ferir sentez vos braz pesans
Et ens ou hiaume estes auques suans
Et de combatre traveillez et souflans,
Ne soiez mie por ce desconfisans;
S'en tel point estes que ci sui recordans,
Penser devez k'en pieur point ij. tans
Soit cil vers cui vous estes combatans." Enf. O. 2525—32.

In Aiol 295—304 finden sich interessante Vorschriften über den **Einzelkampf zu Pferde**:

„Bien brochies le destrier par le costes
Et baisies uostre espiet, si le branles,
Tant con ceuals peut rendre, uers lui venes,
Grant cop sor son escu se li dones,
Que lui et le ceual acrauentes,
Al recerqier des rens souent tornes,
Monioie le Karlon haut escries
Et souent et menu grans cos feres;
Par che seres cremus et redoutes,
Autretel fist uos peres que chi uees." A. 295—304.

Eine Warnung vor zu grosser Tollkühnheit in der Schlacht findet sich in Li Covenans Vivien:

„S'il avient chose que en bataille entrez,
Fuiez moult tost, se mestier en avez,
Quant lieus en ert arrière retornez
Si com je faz quant ge sui encombrez.
Et ge sui trop de bataille enpressez." Cov. V. 32—36.

Das Prahlen der Ritter mit ihrer Tapferkeit im Kampfe und überhaupt die allzugrosse Anmassung wird oft scharf gerügt.

„Penses don laissies le manechier
Plus en seres doutes et prisies." Les L. Bl. 107[d], 43—44.
„Laissies le manechier; dist Auberis. Aubr. T. S. 208, 25.
Et dist Ogiers: „Vassaus, ne vous vantés,
Car par parole pas ne me conquerrés." Enf. O. 4043—44.
„Vassal, dist il, laissiez le sermonner.
Foles paroles font maint home afoler." Gd. 3199—3200.
„Sire, dist Naynmes, laissiez vo menacier." ib. 9842.
Et dist Geriaumes: „Amis, ne vous vantés. H. d. B. 3114.
Et dist Geriaumes: „Ne vous caut de vanter." ib. 8772.

Anfügen will ich gleich hier die Vorschriften, welche sich über den Empfang von Gesandten vorfinden.

„Höre den Gesandten ruhig und furchtlos an. Wenn er dir nichts Beleidigendes sagt, so lache nur über ihn."

„De tot message qui parout devant toi
Escoutez le sanz noise et sanz effroi;
Et s'il te dit ne orguel ne desroi,
N'en fe que rire, com Karle fist de moi.
Einz ne li soi dire si grant desroi

Que de folie responsist ce ne coi.
Fai ensement: si feras que cortois." Ag. 1210—16.
„Entendes qu'il dira, soies en baut et fier;
Se il vos dist folie, ne vos deves irier
Envers vo droit seignor; ne faites com lanier." R. d. M.
S. 13, 21—23.

Auch an die Gesandten selbst werden Lehren über ihr Verhalten beim Ausrichten ihrer gefährlichen Botschaft erteilt:

„Hüte dich, töricht oder Ungehöriges zu sprechen."
„Et si vos gardez bien de folement parler." P. l. D. 2264.
„Or parles sagement, ne soies pas bricon. R. d. M. S. 11, 16.
Dist Gloriande: „Karahues, je vous proi
Que vous gardez de parler à desroi." Enf. O. 2027.

Diese Ermahnung war auch ganz am Platze. Denn oft genug kam es vor, dass Gesandte, die im Eifer für die Sache ihres Herrn zu weit gingen und sich zu Beleidigungen hinreissen liessen, von der Gegenpartei getödtet wurden. Selbst Söhne von Königen traf dieses Schicksal. Auf diese Weise verliert Charlemagne in Renaut de Montauban seinen Sohn Lohier. Die Person des Gesandten galt zwar für unverletzlich, aber die Gemüter waren in jener Zeit zu leicht entzündet, und dann galten alle Gesetze und Uebereinkommen nicht.

3. **Lehren, welche den Stand des Herrschers behandeln und dessen Stellung zu seinen Untertanen, sowie das Verhalten seiner Untertanen ihm gegenüber.**

Zu erwähnen sind hier zunächst einige ganz allgemein gehaltene Lehren:

„Betrage dich als edler König."
„Mes contien toi comme nobile roi
Si com ont fet li prince devant toi." Ag. 1207—8.

„Sei ein treuer Fürst."
„Frere, chen dist Gaufrey, soiés loial princhier." G. 4763.

Von specielleren Lehren finden wir:

„Beschütze Land und Leute."
„Pensés de vos païs et de voz gens garder." Chev. C. 3013.

„Ehre und liebe deine Untergebenen."
„Ames vos hommes et leur donnes tout dis
Cheuaus et armes les pâlefrois de pris." Les L. Bl. 43ª, 8—9.
„Or vous convient des esperons férir,
Et ben requerre vos morteus anemis,
Et alever et parens et amis,
Et honorer vos chevaliers de pris." Chev. O. 7331—34.
„Tes chevaliers pense de resbaudir." Cor. L. 159.
„Ne-deues pas uos homes nient mal baillir,
Ains les deues aidier et maintenir
Et tenir à droiture, gransct petis." A. 3465—67.
„S'avez bon chevalier, hardi ne alosé,
Qui bien fiere en bataille del bon branc aceré,
Que par vos soit servis et tos jors honoré,
Et tenés en estour tos tans pres du costé." Main. S. 335, 49.

Die drei ritterlichen Haupttugenden der proesce, largesse und cortoisie werden natürlich auch vom Herrscher verlangt. Viele der schon Seite 14—17 angeführten Belegstellen gehören daher hierher. Ferner soll sich der Herrscher besonders eines christlichen Lebenswandels befleissigen. (Vergl. Cor. L. 66 ff. ib. 176 ff. Ch. des S. II. S. 100. Siehe auch S. 10 unten).

Seine Freigebigkeit soll der Fürst vorzüglich den Armen beweisen:
Or vous convient des esperon férir
Et honnerer les chevaliers gentis;
Donner as poures et le vair et le gris." G. l. L. II. S. 147.
„Donnés as poures et le vair et le gris." Chev. O. 7395.

„Sei freundlich und gütig den Armen gegenüber, hilf und rate ihnen."
„Qu'envers les poures te dois humelier,
Et si lor doiz aidier et conseillier." Cor. L. 183—85.
„Ne soies vers les poures ne sure ne amere,
Mais douce et debonaire et de bone matere.

Si k'a Dieu et au siecle la bontés de vous pere.
Car qui ainsi le fait, moult noblement se pere,
Et cil qui bien ne fait, en la fin le compere." B. a. g. p. 139—43.

(Hier von einer Fürstin gesagt).

Der Fürst soll ferner für **Recht und Gerechtigkeit** sorgen in seinem Lande.

„**Wahre das Recht.**"
„Si dist: „drois a mestier d'aÿde bien souvent,
Or, i gardés le droit bien et souffisaument." B. d. S. Chant XXII, 716—17.

„**Hüte dich, Waisen ihr Erbrecht zu verkümmern oder ihnen gar ihr Lehen zu entreissen. Nimm den Wittwen nichts von ihrer Habe.**"
„Ne orphelin son fie ne li todrez." Cor. L. 68.
„Ne hoir enfant por retolir ses fiez,
Ne veve fame tolir quatre denier." ib. 180.
„Tu auras tot mon roiaume à tenir:
Par tel covent le puisses retenir
Qu'à hoir enfant ja son droit ne tolir,
N'a veve fame vaillant un angevin." ib. 153—56.

„**Tröste Waisen und Wittwen.**"
„Vesves et orphenins alés réconfortant." G. d. B. 3500.

„**Begehe gegen Niemand Verrat.**"
„Ne traïson vers nelui ferez." Cor. L. 67.

„**Bringe aber auch keinen Verräter zu Ehren.**"
„On ne doit mie traïtor essauchier
Ne tout ses boins gréer ne otroiier." H. d. B. 245—46.

In der **Wahl seiner Ratgeber** soll der Fürst besonders vorsichtig sein:

„**Mache keinen Knecht zu deinem Ratgeber, noch den Sohn eines Probstes oder den eines Amtmannes, denn diese würden dich um ein Geringes verraten.**"
„Et autre chose te veill, fiz, acointier,
Que, se tu veus, il t'aura grant mestier:

Que de vilain ne faces conseiller,
Fill a prevost né de fill à voier; *)
„Il boiseroient à petit por loier." Cor. L. 206—10.

Der Jongleur, der vorstehenden Rat gibt, scheint auf keinem guten Fusse mit den fils à prevost und fils à voier gestanden zu haben.

In der Chanson des Saxons findet sich eine Mahnung, die sonst nirgends wiederkehrt. **„Sei nicht zu verliebt,"** sagt Charlemagne hier beim Abschiede zu seinem Neffen Bauduin, den er als König über das kaum unterworfene und noch immer unruhige Sachsenland eingesetzt hat.

„Et n' antandez pas trop à baisier vostre amie:
N'apartient pas à roi qi roiaume maistrie." Ch. des S. II,
S. 100, 6—7.

Kaiser Karl will also verhindern, dass der junge König die Regierungsgeschäfte vernachlässige.

Wie sich ein Fürst einem **aufständischen Vasallen** gegenüber verhalten soll, wird ziemlich ausführlich in Li Coronemens Looys geschildert, in welcher Chanson sich die meisten Vorschriften über den Herrscherstand vorfinden.

**„Wenn Einer aus nichtigen Ursachen dir Fehde ansagt, so entbiete deine Ritter und bekriege ihn bis zum Aeussersten. Belagere ihn gerade da, wo er sich am sichersten glaubt. Sein Land verwüste. Habe mit ihm weder Gnade noch Mitleid, sondern lass ihm alle Glieder abschneiden oder ertränke oder verbrenne ihn."** u. s. w.

---

*) Auch anderwärts kommen die beiden Wörter prevost und voier in Verbindung vor, so z. B. im Chevalier du lyon von Chrestien de Troies, wo es heisst:
„N'i aura prevost ne voier.
Qui volantiers ne vos convoit." (Ausg. v. Holland, 1. Aufl. S. 28.
Möglicherweise haben sich die prevosts und voiers jener Zeit nicht gerade durch gute Eigenschaften ausgezeichnet.

„Et s'il te velt de néant guerroier
Mandez en France les nobles chevaliers,
Tant qu'en aiez plus de XXX milliers,
Où mielz se fie, là le fai assegier,
Toute sa terre gaster et essilier;
Se le peuz prendre né à tes mains bailler,
N'en aies onques menaide né pitié,
Einçois li fai toz les membres tranchier,
Ardoir en feu ou en la mer noier;
Quar se felon te tenoient soz piez,
Qui de la guerre se puissent aÿdier,
Sempres diront li felon losangier
Et li Normant, lecheor pautonnier:
„De si fet roi n'avions-nos mestier.
Cent dahé ait parmi la croiz del chief,
Por lui ira en grant ost ostoier
Né a sa cort ira plus cortoier!
De suen méismes nos péusmes poier."" Cor. L. 188—205.

Vorher findet sich noch die Mahnung:

„**Gegen hochmütige Vasallen sei stolz wie ein Löwe.**"

„Vers orgueilleus te doiz fere si fier
Comme lieparz qui gent doie mengier." Cor. L. 186—87.

Auch über die Pflichten, die der **Untertan** dem **Herrscher** gegenüber hat, finden sich Vorschriften in den Chastïements:

„**Sei deinem Lehnsherr treu und ergeben.**"

„Chevaliers soies; par tel devision
Que tous jours portes foi à ton seignor par non." G. 9209.
„Garde envers ton seignor, ne weilles meserrer." R. d. M.
S. 48, 34.
„Et qui son seignor boise, bien a Dieu relenqui." R. d. M.
S. 79, 19.

„**Ehre ihn und diene ihm, halte ihn hoch.**"

„Ainz le devez servir et hennorer." Charr. N. 423.
„Ainz le devez lever et essaucier." ib. 440.
Et la couronne essaucier et lever. R. d. C. S. 319 unten.

„**Hilf ihm überall.**"

„Ke son seignor doit on partot aidier,
Puis ke il tient terre de lui ne fié." G. d. V. 188—89.

„Contre toz homes garantir et tenser." Charr. N. 425.
„Contre toz homes secorre et aidier." ib. 441.

„**Bedrohe und bedränge ihn nicht.**"
„Vo droit seignor ne devez pas haster." Charr. N. 422.
„Vo droit seignor ne devez menacier." ib. 441.

„**Befehde ihn nicht, wenn du nicht guten
Grund dazu hast.**"
„Nus ne doit guerroier son seignor droiturer,
Se el ne set par droit bone raison mostrer." P. l. D. 1819—20.
„Sachiez de voir que cil fait mesprison
Qui son seignor muet noise ne tenson,
Se il n'i set moult loial achoison
Car on n'en dist se vilonnie non." Gd. 3069—73.
„Car voz feriez et orgoil et outraige
Se guerroiez vostre droit seignoraige." ib. 3088—89.
„Moult fait mauais uers son seigneur teuchier,
Nus hons ne doit uers son seigneur trichier." Aubr. T.
S. 238, 5—6.

Nach den eben citierten Stellen in Parise la Duchesse und Gaydon scheint es, dass die Fehde zwischen Lehnsherrn und Vasall für **berechtigt und erlaubt** angesehen wurde, wenn der Letztere **guten Grund** für seinen Streit hatte. Auch in Li Coronemens Looys V. 188 heisst es:

„Et s'il te velt de néant guerroier" etc.

Bedingungslose Unterwerfung unter den Willen des Fürsten von Seiten des Lehnsmanns gab es nicht.

### 4. Lebens- und Klugheitsregeln. Anstandslehren.

Die folgenden Lehren sind meistens für das **gesellschaftliche** Leben berechnet und wollen daher in keine der vorhergehenden Abteilungen passen. Es sind Lehren des verschiedensten Inhalts und lassen sich deshalb nicht unter wenige allgemeine Gesichtspunkte zusammenfassen. Ich lasse sie nur oberflächlich geordnet folgen.

„**Vermeide den Verkehr mit Verrätern und Schmeichlern. Pflege Umgang mit Biedermännern.**"

„Fiex, n'aies cure de traïtor lanier;" H. d. B. 210.
„Si n'aies cure de malvais losengier." ib. 409. 562.
„As plus preudommes vous alés acointier,
Car de preudomme puet venir tos li biens." ib. 211--12.
ib. 407—8. ib. 563.
„Ne pren a mauvais home acointement,
Tost eu aroies honte mien escient." A. 330—31.

„**Verkehre mit den Tapfersten.**"
„Hantez lez plus vaillans et despendez assez." H. C. S. 95, 2.

„**Glaube und vertraue keinem Landstreicher, Schurken, Betrüger, Wüstling und Schmeichler.**"
„Ne créez mie le dit as traïtors." Gd. 6585.
„Ne créez ja glouton né losangier,
Que vostre péres n'en ot onques un chier." Charr. N. 755—56.
„Ne croire mie né garçon né frarin." G. l. L. II, S. 160 unten.
„Ne croiez ja lossengier devant toi." Ag. 1207.
„Ne creez pas les coarz, les falliz." ib. S. 170 unten.
„Ne creez pas consel de soduiant." Ronc. S. 156 Mitte.
„Ne creez pas conseil de pautonier. Mac. 440.

„**Glaube keinem Lügner.**"
„Ne crees mi cele gent malsenee
Qui de mencoigne font uerite prouee." Aubr. T. S. 88, 11—12.

„**Glaube keine Sache eher, als bis du dich selbst von ihrer Wahrheit überzeugt hast.**"
„Ne crees chose, si l'aies esprouuee." Aubr. T. S. 87, 20.

„**Verlass dich auf keinen Fremden.**"
„Ja à nul estranger tu ne te fieras." D. d. M. 2432.

„**Zu den edeln Naturen habe immer Vertrauen.**"
„Més as frans naturas aiez toz jors fiance." Ch. des S. II. S. 102.

„**Sei weise und verständig.**"
„Gardes que chascuns soit et sages et membrés." R. d. M. S. 74, 17.

„Et soies preus et sages et larges vivendiers." ib. S. 141, 14.
„Soyés large et courtois, débonnaire et saçant." G. d. B. 3497.
„Biaus fieus, or soies sages et de cler sens." A. 326.
„Maintenés vous à loi d'omme saçant." H. d. B. 1289.
„Or soies sages et tres bien apenses." Aubr. T. S. 97, 10.
„Més bien gardez, biax niés, folors ne vos sorpraigne." Ch. des S. II. S. 101.
„Se vous avez l'argent, si laissiés la folie." B. d. S. XX, 881.

„Handle so, dass man Gutes von dir spreche."
„Or faites tant qu'en bien en soit parlé." Enf. O. 1623.
„Or faites tant que bons en soit li cris
Et li renons dusc' au iour del iuis." Aubr. 1175—76.

„Thue nichts, um desswillen man dich tadeln könnte."
„Ne faire chose dont tu soiez reprins." Gd. 4315.
„Or soies saiges et tres bien apenses,
Que ne facies dont nos soies blasmes." Aubr. T. S. 97, 10."

„Betrage dich so, dass man nicht sagen könne, dein Geschlecht habe sich bedauerlicher Weise verändert."
„Contenez vos ensi c'on n'an face parlance,
Que vostre lignage ne tornast à pesance." Ch. des S. II. S. 102.

„Mache dich beliebt bei Gelehrten und Laien."
„Or vous faites amer gent letrée et gent laie." B. a. g. p. 212.

„Ehre Grosse und Kleine."
„Les grans et les petis tous honores." A. 176.
„Et honnerer les grans et les petis." Les L. Bl. 41ª, 38.

„Verspotte die Armen nicht."
„Gardes que nul poure home uous ne gabes,
Ancois i pories perdre que conquester. A. 177—78.

„Verspotte keinen Menschen."
„Ne gabez ja mais hume, ço te mandet Cristus." V. d. Ch. 676.

„Sei gütig und freundlich."
„Soyos large et courtois, débonnaire et saçant." G. d. B. 3407.

„Diene dem Biedermann."
„Se uous ueez preudome, si le serues." A. 174.

„Verliebe dich nicht in die Frau eines Andern. Wenn die Frau eines Andern in dich verliebt ist, so erwidere ihre Liebe nicht."
„N'aies cure d'autrui feme enamer,
Car chou est uns pechies que dex mout het;
Et se ele nous aime, laisiele ester;" A. 169—71.

„Begehe keine Torheit einer Frau wegen."
„Onques por feme ne faites estoutie." Aubr. T. S. 144, 10.

„Wenn du etwas geheim halten willst, so sage es nicht deiner Frau."
„Et quant tu saras rien que celer tu vourras,
Ne le dy à ta femme nulement, ce tu l'as;
Car se elle le scet, tu t'en repentiras.
Au premier desplaisir que tu maiz luy feras;
Tu l'en doubteras tant qu'en son dangier seras,
Jamais par mautalent parler n'y oseras,
Sur toutes aultres choses de ce te garderas." D. d. M. 2470—77.

„Wenn du etwas borgst, so bezahle es gern wieder und wenn du das nicht im Stande bist, so verlange Aufschub."
„Et ce tu acroiz rien, voulantiers le pairas;"
„Et ce paier ne peux, respit demanderas." D. d. M. 2442—43.

„Wenn du in die Herberge kommst, so fange keinen Streit an. Tritt frohen Sinnes ein. Beim Eintreten huste laut, damit man dich auch bemerkt."
„Quant venras à l'ostel, mie ne tenseras,
Mais lYé et joyeulx en l'ostel entreras.
A l'entrer à l'hostel, moult hault t'estousseras;
Tel chose y peut avoir que point tu ne verras;
Ne te coustera rien, puis que ne le saras,
Et plus t'en ameront ceulx que là trouveras." D. d. M. 2444—49.

„Kehre nur bei Edelleuten ein."
„Traies as boins osteus d'auchiserie." A. 215.

„Deinen Nachbar lass in Ruhe und streite nicht mit ihm vor andern Leuten."
„Beaul fielz à ton voisin point ne te melleras;

Devant nulz aultres gens à luy ne tenseras;
Car, çe riens scet de toy, tout maintenant l'orras,
Et l'ara tel ouy, dont vergongneus seras.
Qui ja n'en sevent rien, ce tu scez, parle bas." G. d. M.
2450—54.

„Lass dich nicht in Sachen ein, von denen
du nichts verstehst."

„Et ce tu veulx saulver quanque d'onneur tu as,
Si ne t'ëntremez point de ce que ne saras,
Ne maistre ne t'en faiz devant qu'apris l'aras." D. d. M.
2463—65.

„Deinen Knappen lass nicht bei Tische neben
dir sitzen; auch lass ihn nicht bei dir schlafen."

„Et ce tu as varlet, gard que ne l'assiez pas
A table delez toy, n'avec luy ne gerras;
Car quant à ung musart plus grant honneur feras
Et plus te tenray vil; bien t'en appercepvras." D. d. M.
2466—69.

„Wenn du schöne Künste verstehst, so zeige sie."

„Ce tu scez beaulx depors, après les monstreras;
Plus en serez prisez et plus t'essauceras." D. d. M. 2456—57.

„Sprich nicht zu viel."

„Je ne vous puis nulle fois castoyer
De trop parler se peut on auillier
Ja nul preudomme ne verres coustumier." Les L. Bl. 107d,
40—42.

„Sei beim Sprechen nicht ängstlich."

„Ne soyés esbahis quant ce vint au parler." Chev. C. 1210.

„Sei vorsichtig in Worten und Taten."

„Gardes signeur ke ne soyes souspris
Ne en parelles ne en fais ne en dis
Preudons se doit en sa verte tenir
De peu de chose se peut on bien honnir
Et d'autre se peut on metre en pris
A vilonie peut on trop tost venir." Les L. Bl. 57a, 22—27.

„Grüsse alle Leute, denen du begegnest."
„Salue toutes gens, quant les encontreras." D. d. M. 2441.

„Erhebe dich, wenn du auf der Bank sitzest
(wenn Jemand eintritt)."
„Se uous sees en banc, si uous leues." A. 174.

„Schlafe nicht zu viel."
„De trop dormir, biaux, dous nies, uous gardes." Aubr. 2392.
„Beaul filz, atant te couche et demain leveras:
Qui trop dort au matin, maigre devient et las,
Et sa journée en pert, sy n'en amende pas." D. d. M. 2487—89.

„Betrinke dich nicht."
„Et sachiez bien qu'iureche est grans uieutes,
Si uous gardes moult bien de l'eniurer." A. 172—73.

„Iss viel, aber trinke nicht zu viel Wein."
„Mangies a grant plente par signorie
Ne beues mie trop de uin sor lie;
Car nel tient on a sage, coi que nus die,
Ains en est asottes qu'il soit complie." A. 216—19.

„Spiele nicht Schach und nicht Brettspiel."
„As eskies ne as tables, fieus, ne iues
Celui tient on a sot, qui plus en set;
Car se li uns les aime, l'autre les het,
Lors commenche grans guerre sans nul catel." A. 165—68.

Dagegen heisst es in Doou de Mayence:
„Treibe das Brettspiel, wenn du bei Hofe bist."
„Et se tu es à court, aux tablez joueras." D. d. M. 2455.

Hier begegnen wir einmal einem Widerspruche, die sich sonst nicht in den Chastïements finden.

Das Brettspiel (jeu de tables) war im Mittelalter sehr beliebt. Wir finden es oft in den Chansons de geste neben dem Schachspiel, das auch viel getrieben wurde, erwähnt. Es mag daher für den ersten Augenblick seltsam erscheinen, dass der Dichter des Aiol beide Spiele verwirft. Aus dem Zusatz (A. 166—168), den der Jongleur aber seinem Verbote anfügt, geht hervor, dass er im Princip kein Gegner des Schach- und Brettspieles ist, sondern nur wegen des Zankes, der oft bei derartigen Spielen entstehe. Und von diesem Gesichtspunkte aus müssen wir dem Verfasser des Aiol Recht geben. Denn oft genug kam es bei einem dieser Spiele zu Zank und Streit, wenn der eine Spieler besser spielte als der andere, und manchmal nahm ein solcher Streit einen tragischen Ausgang. In der Chanson: La Chevalerie Ogier z. B. wird Bauduinet, der Sohn Ogiers, beim Schachspiel von dem Sohne Karls, Charlot, mit dem Schachbrett getödtet. Zuweilen wurde das Schachspiel mit Vorbedacht als Vorwand benutzt, um Streit anzufangen, so in Parise la Duchesse, wo Hugues, der Sohn der Parise, beim Schachspiel von seinem Gegner überfallen wird.

Schliesslich mag noch eine Lehre Erwähnung finden, die im Aiol vorkommt:

„Behalte die Unterweisung wohl, die man dir gibt."
„Et si retenez bien castïement." A. 327.

Viele der eben angeführten Lehren sind das Resultat einer reichen Weltkenntnis und Erfahrung, so namentlich solche, die in dem Chastïement D. d. M. 2431—2489 vorkommen, auch die im Aiol 162—178, ib. 207—219, ib. 322—331.

---

Zu erwähnen sind noch eine Reihe Chastïements, die inhaltlich in vollem Gegensatze zu den bisher behandelten stehen. Es sind dies diejenigen Chastïements, die von Angehörigen des Verrätergeschlechts erteilt werden. Das Verrätergeschlecht wird in den Chansons de geste immer von den Geschlechtern der guten Ritter unterschieden. Die Verräter sind das böse Element in der christlichen Ritterschaft. Sie zeichnen sich durch ihre schlechten Thaten, Verrat, Treubruch, meuchlerischen Ueberfall u. s. w. aus. Aus ihrem Stamme ist ein Ganelon, ein Pinabel, ein Macaire, ein Hardré entsprossen. Sie vollbringen fast nur Verwerfliches. Höchst selten finden wir einen guten Zug von ihnen erzählt. Bei dieser Einseitigkeit der Chakteristik werden sie oft geradezu zu typischen Gestalten für das Böse. Sie müssen natürlich auch beim Erteilen von Lehren ihren Charakter wahren, und so finden sich in den Chastïements, die sie geben, durchaus schlechte Lehren. Ich lasse die Stellen folgen, wie sie mir aufgestossen sind:

> Dist a Guiot: „Biau niés, or entendez:
> Se voz volez faire mes volentez
> Et mon commant, la bataille vaintrez.
> Et tout avant à Dammeldeu voez
> Que ja à home ne tenras loiautez
> Vo seignor lige ja foi ne porterez.
> Les loiaus homes traïssiez et vendez,
> Le mal hauciez et le bien abatez.
> Se voz à home compaignie prennez,
> En devant lui adez le loez
> Et en derrier à la gent le blasmez.
> Les povres gens laidengiez et gabez,
> Les orphenins à tort desheritoz,
> Les vesves dammes lor doayres tolez,
> Les murtrissors, les larrons souztenez.
> Et sainte eglise adez deshonorez.
> Prestres et clers fuiez et eschievez
> Rendus et moinnes, partout les desrobez.
> Et cordelier et jacobins batez.
> Petits anfans en la boe gietez,
> Et coiement les prennez et mordez;
> S'on ne voz voit, as mains les estrainglez,
> Les vielles gens empoingniez et boutez,
> Ou au visaiges au mains les escopez.
> Les abéies escilliez et gastez,
> Et les nonnains toutes abandonnez.
> En touz les lieus là où voz esterez
> Hardiement mentez et parjurez,
> Que ja vo foi nul jor ne mentirez
> Devant ice que voz la main perdrez.
> Se voz ce faites que voz oï avez,
> Ja à nul jor desconfiz ne serez." Gd. 6438—69.

> „Je te chastoi, biaus filleus Aulori,
> Que n'aiez cure de dammeldieu servir,
> Ne de voir dire, se ne cuides mentir,
> Se vois preudomme, panse de l'escharnir

De ta parole, se tu puez, le honnis.
Ardez les villes les bors et les maisnils,
Metez par terre autex et crucefix,
Par ce serez honorez et servis." A. et A. 1625—32.

„Soions tout traitours; car mes corps vous afie,
Que jamais nulz preud'oms, ne qui en Dieu se fie,
Ne se porra chavir, ni avoir manandie.
Car qui est povrez homs, vous vez que Diex l'oblie;
Et li mondes en fait aussi se moquerie,"
Et cil ont respondut, trestout à une fio:

„Gaufrois vous dites voir, par le corps saint Elie
Or pensés d'essauchier fausetet et envie;
Car vous n'en sarez jà tant penser, en vo vie,
Qu'il ne samble à nous tous trop poi de la moitie." B. d. S.
Chant I, 582—91.

Et leur a dit: „signour, or soies tout preud'on,
Car vous arés vo part, à me grant région;
A tout, quanques j'arai, averez vo parchon:
Jammais ne vaurai faire nul jour fors traïson." B. d. S. Chant I,
666—69.

(Diese Worte sagt der Schurke Gaufroi zu seinen Gefährten. Er meint preud'on in seinem [schlechtem] Sinne).

„Et dist Macaires: „Soiés preus et vaillans." Mac. 238.

(preus und vaillans hier wieder in schlechtem Sinne gemeint: „tapfer in einem schlechten Unternehmen").

Die Chastïements, die von Angehörigen des Verrätergeschlechts erteilt werden, sind natürlich bei weitem seltener zu finden als die übrigen.

Es erübrigt noch, ein Chastïement anzuführen, das zwar nicht von einem Verräter gegeben wird, aber inhaltlich mit den kurz vorher citierten Stellen verwandt ist.

„Brisies les abaÿes et froisies à bandon.
Ki del sien vo donra, si li faites pardon
Et qui nel voldra faire, mar aura raençon.
Cuisies les et mengies en feu et en charbon;
Jà ne vos feront mal niant plus que venison.
Dame Dex me confonde, qui vint à passion,

Se ençois n'es mengoie que de faim morusom.
Miodres est moine en rost que n'et car de mouton."*) R. d. M.
S. 93, 19—26.

Es sind dies Worte, die der alte Haimon an seine Kinder richtet, die ausgehungert und heruntergekommen auf sein Schloss gekommen sind. Die Haimonskinder sind vom Kaiser in die Acht erklärt worden. Der Alte will einerseits dem Kaiser nicht treubrüchig werden, indem er die der Acht Verfallenen in seinem Hause beherbergt, andrerseits will er aber auch nicht seine Kinder umkommen lassen. In seiner Verzweiflung giebt er ihnen deshalb den Rat, Mordbrenner und Menschenfresser zu werden.

---

*) Wie wir sehen, geht es den München hier wieder schlecht. Schon früher fanden wir einmal eine Stelle, aus welcher hervorzugehen schien, dass die Geistlichen jener Zeit nicht gerade in Gunst bei den Jongleurs standen. (D. d. M. 2458 ff. Vergl. S. 10.)

# II. ABSCHNITT.

## Bei welchen Anlässen werden Chastiements erteilt?

Die Antwort auf diese Frage lässt sich allgemein gefasst so geben: Bei den meisten **wichtigeren Ereignissen** im Leben der Ritter, z. B. **Abschied von lieben Freunden und Verwandten, Ritterschlag (Adoubement), Zweikampf, Krieg u. s. w.** Beginnen wir mit dem

### 1. Abschied.

Wir finden hier eine grosse Mannichfaltigkeit der Fälle. Einmal werden dem scheidenden Sohne*), Freunde, oder Verwandten, der entweder auf Abenteuer auszieht (D. d. M. 2431. A. 162. ib. 207. ib. 322. H. d. B. 2602. Chev. a. C. 1210. ib. 1241) oder in den Krieg (G. 250. ib. 1457. Chev. des S. I. S. 86, 4. Aub. 1075), der an den Hof seines Lehnsherrn geht, um ihm seine Huldigung darzubringen (H. d. B. 403. ib. 560), oder den Hof wieder verlässt (Mort G. S. 84 Mitte), der endlich in seiner Eigenschaft als Gesandter einen gefahrvollen Weg

---

*) Einmal auch der scheidenden Tochter. B. a. g. p. 136 ib. 211,

vor sich hat, von Seiten seiner Angehörigen und ihm Näherstehenden beim Abschiede gute Lehren mit auf den Weg gegeben. An andrer Stelle ist es der scheidende Lehnsherr, der dem im fremden, kaum unterworfenen Lande als Statthalter zurückbleibenden Vasallen noch die letzten Verordnungen gibt, begleitet von guten Lehren (Ch. des S. II. 100. ib. S. 101. ib. S. 102\*); oder der den Hof verlassende Vasall, der dem jungen, noch unerfahrenen König einige wolgemeinte Ratschläge erteilt (Charr. N. 754). Wieder an andrer Stelle richtet der scheidende Freund oder Verwandte an den in gefährlicher Lage (G. l. L. S. 152, 6. H. d. B. 5387. ib. 7115. Aub. 2392) oder im Gefängnis (B. d. S. Chant XIV, 1350) Zurückbleibenden beherzigenswerte Ermahnungen. G. d. V. 986 erhält ein Kriegsgefangener bei seiner Auslieferung gute Lehren mit auf den Weg und Chev. a. C. 3013 müssen die Freunde des Helias, der sich entschlossen hat, Mönch zu werden, beim Abschied noch ein Chastïement von ihm entgegennehmen.

Wenn auch zumeist, so doch nicht immer ist es der Zurückbleibende, der das Chastïement erteilt, öfters ist es auch der Scheidende.

Die meisten dieser Chastïements werden beim Abschied selbst erteilt. Eine andere Reihe aber wird längere Zeit vorher, natürlich aber immer im Hinblick auf den bevorstehenden Abschied gegeben. (D. d. M. 2431. A. 162. ib. 207. ib. 322. Ch. d. S. II. S. 100. ib. S. 101. H. d. B. 403. Chev. a. C. 1210. ib. 1241). Die letzteren sind zumeist länger und enthalten dann viel mehr Lehren als die ersteren.\*\*) Gerade deshalb

---

\*) Ein ähnlicher Fall S. 4763, wo der scheidende Gaufrey, der auf weitere Eroberungen auszieht, an seinen Bruder Girart, dem er das Land Roussillon geschenkt hat, ein Chastïement richtet.

\*\*) Besonders die Stelle in D. d. M. 2431 ff. Bei diesem Chastïements findet sich auch die einzige Spur von Ceremoniell. Nachdem nämlich der alte Graf Gui seinem Sohne Doon eine grosse Menge Lehren erteilt hat, schlägt er ihn mit der flachen

wird es uns nicht wundern, wenn wir finden, dass sie längere Zeit vorher gegeben werden; denn im Augenblicke des Abschiedes, wo die Zeit gewöhnlich drängt, würde man sich schwerlich gleich auf so viele Lehren besinnen können, wie wir sie z. B. in D. d. M. 2431 ff. finden. Es kommt auch der Fall vor, dass längere Zeit vor dem Abschiede ein Chastïement erteilt wird und beim Abschied selbst noch ein anderes. Dann ist dieses letztere gewöhnlich eine kürzere Zusammenfassung des ersteren (so H. d. B. 560 ff., wo zum Teil ganz dieselben Worte angeführt werden wie in dem früher gegebenen Chastïement v. 403 ff und Ch. d. S. S. 102) und enthält nur wenige neue Lehren, an die man vorher nicht gedacht hatte.

Gewöhnlich werden diese Chastïements nur an Einen gerichtet und zwar wiederum nur von einer Person. In wenigen Fällen nur spricht Einer zu Mehreren. (H. d. B. 403. ib. 560. Chev. a. C. 3013. G. 1447. ib. 250.)

Inhaltlich weichen die einzelnen Chastïements, die beim Abschiede gegeben werden, sehr von einander ab. Wir finden in ihnen einen grossen Reichtum an Lehren des verschiedenartigsten Inhalts. Sämtliche Anstandsregeln, die in den Chastïements überhaupt vorkommen, finden sich in diesen.

---

Hand ins Gesicht, damit er diese Lehren besser behalten solle:
Lors le fiert de la paulme sur le viz, qu'il ot gras,
Puis luy a dit: „Beaul filz, bellement et par gas
Pour ce t'ay je feru que ja ne l'oubliras."
Lors le mit en son cuer, ne le mescroiez pas; D. d. M.
2478 — 81.

Ausser bei diesem einen Chastïement finden sich in den Chansons de geste nirgends Ceremonien erzählt, die auf die Chastïements Bezug hätten. Die Küsse und Umarmungen beim Abschied, die Ceremonien beim Ritterschlag gehören natürlich nicht hierher, da sie auch statt haben, wenn bei diesen Gelegenheiten keine Chastïements erteilt werden.

## 2. Adoubement.

Wir dürfen erwarten, dass man ein so wichtiges Ereignis im ritterlichen Leben des Mittelalters, als der Ritterschlag es ist, nicht habe vorbeigehen lassen, ohne dass man dem neuen Ritter an diesem seinem Geburtsfeste gute Lehren auf seine fernere Lebensbahn mitgegeben hätte. Und wir finden uns in dieser Erwartung auch nicht getäuscht, nur treten uns diese Lehren nicht immer in der Form von Chastïements entgegen. In vielen Fällen wird in den Chansons de geste die Ceremonie des Ritterschlags einfach erzählt, ohne dass zugleich der Worte gedacht wird, die dabei gefallen sein mögen. In andern Fällen sind die das Adoubement begleitenden Worte fromme Wünsche, z. B.: „Gott lasse dich deine Feinde vernichten", „Gott mache dich tapfer und tugendhaft" oder ähnliche. Ich will einige Beispiele anführen:

„Biaus niés, dist il, Dex te puist amercier!
Por tel convent te fas hui chevalier.
Tes anemis te laist Dieus essilier,
Et tes amis monter et essaucier." R. d. C. S. 149.

„Je la te cein par itel convenant
Que dex te doinst proesce et hardement,
Force et vertu et vasselage grant,
Et grant victoire contre gent mescreant." Ag. S. 152 unten.

Aehnliche Stellen finden sich zahlreich (A. 7148. ib. 523. Aubr. B. S. 153 u. s. w.) In noch andern Fällen endlich finden wir das Adoubement von einem Chastïement begleitet und diese haben wir hier zu behandeln.

Auf eine Beschreibung des Ceremoniells beim Ritterschlage brauche ich hier um so weniger einzugehen, als dasselbe schon an andrer Stelle Behandlung gefunden hat. (Vergl. z. B. Schultz, Höfisches Leben zur Zeit der Minnesinger, Bd. I, S. 181 ff).

Auch bei den Chastïements, die gelegentlich eines Adoubements gegeben werden, müssen wir wieder Unterabteilungen machen, und zwar fallen in die erste diejenigen, die bei der Ceremonie des Ritterschlags selbst, in die zweite diejenigen, die nach derselben erteilt werden. Die ersteren werden natürlich immer von der Person gegeben, die den Ritterschlag vollzieht, die letzteren gewöhnlich von Verwandten und Freunden des neuen Ritters. Beide Arten von Chastïements haben zum Inhalt eine Empfehlung der ritterlichen Tugenden, wie zu erwarten war. Ich lasse einige Proben der ersten Art folgen.

Puis dit: „Chevaliers soies; par tel devision
Que tous jours portes foi á ton seignor par non.
Hardi soies et fier comme lion." G. 9209—11.
„Tien, Rainoua·s, Diex te croisse bontés
Et varelage et prouece et firtés!
De couardise ne soiés ja retés;
Le miendres n'estes, mes parens resamblés." Alisc. 8021—24.

Aehnlich sind die Chastïements in Chev. O. 7315—16. G. d. V. 229—30. Hervis de Metz (Hist. litt. d. l. France, Band XXII, S. 595), R. d. M. S. 48, 32—34. An letzterer Stelle wird nur Treue gegen den Lehnsherrn empfohlen. Dieselbe Mahnung findet sich auch in dem citierten Chastïement: G. 9209 ff.

Zur zweiten Art gehören die Stellen in B. d. C. 77—79. Cov. V. 30—36. Chev. O. 7329—37. G. d. L. II., S. 147 unten.

Das Chastïement in Cov. V. 30—36 ist veranlasst durch ein Gelübde, welches Vivien bei seinem Ritterschlage getan hat, dass er niemals vor den Heiden zurückweichen wolle und enthält die Antwort Guillaumes darauf und seinen Rat, ja in der Schlacht zu fliehen, wenn es nötig sei (vergl. S. 19 oben).

Die beiden Chastïements in Chev. O. 7327 ff und G. l. L. II, S. 147 lenken in besonderem Grade unsere Aufmerksamkeit auf sich. Schon bei oberflächlicher Betrachtung der beiden Stellen bemerkt man, dass sie viele Uebereinstimmung zeigen.

„Sire viellars, vos remanrés o mi,
De ma maisnie soiés, je vous em pri."
Et dist li dux: „Sire vostre merchi,
Par tel convent que ferés mon plaisir.
Or vous convient des esperons férir,
Et ben requerre vos morteus anemis,
Et alever et parens et amis,
Et honorer vos chevaliers de pris.
Donés as poures et le vair et le gris,
Que d'une cose vos acoins et devis.
Nus avers princes ne puet monter en pris."
Et dist li enfes: „Je ferai vo plaisir."  Chev. O.
7327—38.
„Sire viellars tout en riant li dit
De ma maisnie seres je le vous pri."
Et dist Bernars: „Sire vostre merci
Par tel convent que ferez mon plaisir.
Or vous convient des esperons férir
Et honnerer les chevaliers gentis;
Donner as poures et le vair et le gris.
Car une chose vous aconte et vous dis
Nus avers princes ne puet terre tenir
Ains est domages et dolors quant il vit."
Dist Fromondins: „Je ferai vo plaisir."  G. l. L. II,
S. 147.

Dieselbe Stelle findet sich auch mit einigen Varianten in der Handschrift S der Lothringer. Ich lasse auch diese Stelle folgen:

„Sire viellars vous remanres a mi
De ma maisnie seres je vous en pri."
Et dist Bernars: „Tout a vostre plaisir
Par tel maniere com vuus pores oïr
Quil vous conuient del esperon ferir
Et honnerer les grans et les petis
Donner as paures et le vair et le gris
Et une cose vous acoint bien et dis
Nus aues princes ne peut monter en pris
Ains est doleurs et damaiges kil vit
Dist Fromondins: „Je ferai vo plaisir." Les L. Bl. 41ᵃ, 32—42.

Bei den zahlreichen Uebereinstimmungen, die die Texte aufweisen, liegt der Gedanke nahe, dass einer der Dichter von dem andern entlehnt habe (vermutlich der

Dichter der Chevalerie Ogier aus der Chanson: Garin le Loherain). Noch viel wahrscheinlicher wird diese Annahme, wenn man die den beiden Chastïements vorausgehenden Verse vergleicht. Diese lauten in G. l. L.:

> Fromons envoie Baucent à Fromondin,
> Son bon destrier, que il paramait si:
> Bone est la selle qui de Tolouse vint.
> De plaine terre saillit sus Fromondins,
> Fist un eslai, arrières s'en revint;
> Hurte de coste dant Bernart de Naisil,
> Por un petit que il ne l'abati.
> — „Sire veillars" etc. G. l. L. II, S. 146 unten.

in der Chevalerie Ogier:

> Son fil dona li roi son arrabi,
> Che fu Bançant qe il par amoit si
> Bone est la sele qi de Tolose vint.
> De plaine terre est ès archons saillis,
> Fist un eslais, arière est revertis:
> Urte du coute duc Namon le flori,
> Si que por poi qe il ne l'abati:
> „Sire viellars, vos etc. Chev. O. 7320—27.

Mögen nun aber die Dichter der beiden Chansons de geste von einander entlehnt haben oder nicht, soviel scheint aus den beiden citierten Stellen hervorzugehen, dass im Mittelalter ein Gebrauch bestanden hat, wonach der junge Ritter kurz nach seinem Adoubement einzelne Freunde seines Hauses, an deren Wohlwollen ihm vielleicht besonders viel gelegen war, um ihre fernere Freundschaft zu bitten hatte. In Garin le Loherain sowohl als auch in der Chevalerie Ogier sind es ältere Personen, die auf solche Weise von den jungen Rittern angegangen werden. In der ersteren Chanson ist es Bernart de Naisil, in der letzteren der alte Naimes. Aus diesem Umstande könnte man schliessen, dass der neu Adoubierte sein Ansuchen nur an die älteren Freunde seines Geschlechts oder, wenn das nicht, so doch besonders an sie zu stellen hatte. Der Angeredete hatte mit einem Chastïement zu antworten, und der neue Ritter hatte darauf wieder eine kurze, zusagende Antwort zu geben. Die Bitte des jungen Ritters (Chev. O. 7327—28), die Antwort des Alten (Chev. O. 7329—37) und die kurze Erwiderung des Bittenden (Chev. O. 7338) haben möglicherweise etwas formelhaft Ausgeprägtes an sich getragen. Wesentlich bei dem Gebrauche scheint das **Erproben** des geschenkt bekommenen Pferdes gewesen zu sein, sowie das **Anstürmen** des neuen Ritters auf den Alten. (Chev. O. 7320—26). Es wäre interessant zu erfahren, ob sich in den anderen Romanen der Zeit irgend welche ähnliche Gebräuche beschrieben fänden, wovon mir nichts bekannt ist.

Zu erwähnen sind noch zwei andere Stellen, die sich in Garin Le Loherain finden. Die eine steht G. l. L. II. S. 239. Der Ritter Guillaume de Mouclin, der im Kriege sein Schloss und alle seine Habe verloren hat, wird von seinem Freund und Verwandten Ysorez neu ausgerüstet. Während Ysorez ihm das Schwert übergibt, richtet er ein Chastïement an ihn, eine Empfehlung der ritterlichen Tugenden:

„Oncles Guillaume dit il ie vous chasti
Que soyez prous et corageus tos dis
Nuns auers princes ne puet monter en pris."

Wir haben es also hier mit einer Art von Neu-Adoubement zu tun.

Die andere Stelle kommt vor in G. l. L. II. S. 160. Hier gürtet Guillaume de Monclin seinem Neffen Fromondin, der nicht lange vorher den Ritterschlag empfangen hat, das Schwert um zur ersten Waffenthat, die der neue Ritter in einem Turnier vollbringen soll, das von Seiten Garins und Fromonts und ihren Sippen veranstaltet worden ist. Diese Ceremonie ist wieder von einem Chastïement begleitet, einer Ermahnung zu ritterlichem Wesen.*)

---

*) Wie wir sehen, werden diese beiden Chastïements beim **Umgürten des Schwertes** gegeben. Der Ceremonie des Schwertumgürtens, sowohl beim Ritterschlag als auch bei anderen Gelegenheiten wird in den Chansons de geste immer eine grosse

„Je te chastoi biaus dous niés Fromondins
Ne croire mie né garçon né frarin
Haus hons seras se tu longhement vis
Or soyes fors et conquerans tos dis
Fel et estous contre vos anemis
A maint prodomme donnez et vair et gris.
Par cest affaire monterez vous en haut pris."

### 3. Zweikampf.

Die Ursachen der Zweikämpfe, welche in den Chansons de geste Anlass zu Chastïements bieten, sind verschiedenartig. Entweder sind es **Herausforderungen** zwischen Rittern feindlicher Heere (Enf. O. 2503 ib. 2516 ib. 2712; durch einen derartigen Zweikampf soll manchmal der Ausgang eines ganzen Krieges entschieden werden, so J. d. Bl. 1770) oder **Gottesgerichte**. Bei den Gottesgerichten soll durch den Zweikampf die Schuld oder Unschuld eines irgend eines Vergehens Angeklagten ans Licht gebracht werden. Es stehen sich also entweder **Ankläger** und **Verklagter** feindlich gegenüber oder **Kläger** und **Stellvertreter** des Angeklagten.

Bedeutung beigelegt. Wenn ein Ritter ein neues, kostbares Schwert bekommt, so wird das **Umgürten** desselben oft mit Segenswünschen für den Träger desselben verbunden.

„Sire chaingies oesti! quens ne rois n'ot plus bele,
Par itel conuenant le caingies a senestre,
Que dieus uous doinst barnage et proeche et poeste
Et foi contre tous homes et estenance entere
Et uous meche en talent que prengies la pucele
Qui si uous a gari en le canbre sous tere." Elie d. St. Gille
2092.

(Hier wird dem Elie von Galopin, seinem Freunde, ein kostbares Schwert geschenkt, das dieser einem heidnischen Könige gestohlen hat).

Ich will noch die Stelle anführen, wo Charlemagne dem Roland sein später so gefürchtetes Schwert Durandarte umgürtet.

„Ge la te cein par itel covenant
Que dex te doinst proesce et hardement
Force et vertu et vasselage grant,
· Et grant victoire contra gent mescreant." Ag. fol. 188, S. 152.

Dieser letzere Fall tritt gewöhnlich nur ein, wenn der Angeklagte eine Person **weiblichen** Geschlechts ist; diese hat immer das Recht, einen Kempen für sich zu stellen. Der erste Fall findet sich: G. 1. L. II. S. 30 unten. G. d. B. 5315. Gd. 6438, der zweite: P. 1. D. 502. ib. 549. In Bauduin de Sebourc kommt noch ein andrer Fall vor. Auf zwei Personen ruht der Verdacht, eine dritte ermordet zu haben. Alle beide leugnen aber und wälzen sich die Schuld gegenseitig zu. Um nun zu erfahren, wer von Beiden der Mörder ist, müssen sie mit einander kämpfen. Der Besiegte wird für den Mörder gehalten (B. d. S. Chant XXII, 716).

Chastïements werden den Kämpfern gewöhnlich kurze Zeit vor dem Beginn des Zweikampfs erteilt, bei der Ausrüstung zu demselben oder kurz vor- oder nachher, meist von Verwandten und Freunden; den Kämpfern, welche für die Unschuld einer Frau eingetreten sind, von dieser selbst oder ihren Verwandten (in P. 1. D. von ihrem Gemahl: V. 549). In Enf. O. 2712 finden wir den Fall vor, dass gelegentlich eines **Doppelzweikampfs** der eine Kempe (in diesem Falle Ogier) seinen **Genossen** (Charlot, derselben Partei angehörig wie Ogier) zur Tapferkeit ermahnt. Ausnahmefälle sind es, wenn Chastïements einen ganzen Tag vor dem Kampfe erteilt werden, wie Enf. O. 2503; ib. 2516.

Seltsamer Weise empfängt immer nur der **eine** Kempe ein Chastïement und zwar, wenn der Zweikampf zwischen einem heidnischen und einem christlichen Ritter stattfindet, immer der Christ, wenn beide Kämpfer Christen sind, gewöhnlich derjenige, auf dessen Seite das **Recht** ist;*) in beiden Fällen derjenige, welcher die

---

*) Ausnahmefall Gd. 6438. (Vergl. S. 31). Hier empfängt der Verräter Gui, welcher den Ritter Ferraut falscher Weise des Verrats angeklagt hat, vor dem Zweikampf mit Ferraut von Einem aus seiner Sippe ein langes Chastïement. Zu bemerken ist jedoch, dass dieses Chastïement **schlechte** Lehren enthält im Gegensatz zu den übrigen beim Zweikampf erteilten, die nur **gute** enthalten.

Sympathien des Dichters geniesst, der in Folge dessen auch das Interesse des Lesers mehr auf seinen Schützling zu lenken sucht.*)

In den meisten Fällen wird das Chastïement nur von **einer** Person erteilt, in einigen auch von mehreren (G. 1. L. II. Seite 30 unten. Enf. O. 2503). Auch in dem letzteren Falle führt der Dichter immer nur ein Chastïement an, bemerkt aber ausdrücklich, dass Mehrere daran beteiligt sind. G. 1. L. II. S. 30 heisst es z. B.

    Or le chastoient com já pourez oïr.

Die Chastïements, welche kurz vor dem Zweikampfe erteilt werden, sind gewöhnlich kurze Ermahnungen zur Tapferkeit. (Ausnahmen: Gd. 6438 ff. [S. S. 31] und P. l. D. 502. An letzterer Stelle findet sich eine Ermahnung zum Gottvertrauen, welche die unschuldig angeklagte Parise an den Verteidiger ihrer Unschuld, Milon, richtet). Ich lasse einige Beispiele folgen:

    „Biaus niés", font-il, „soiez prous et hardis;
    „Souviegne-vous de vos pére Hervi
    „Le millor homme qui sor cheval séist." G. l. L. II. S. 30 unten.

    „Cornumarans, cousins, or oyés me volanté
    Demonstrés hardiment et fiére cruauté
    Car aujourd'ui juès pour vostre royauté,
    Et pour la vostre honneur et vostre loyauté." G. d. B. 5315.

Die beiden Chastïements in Enf. O., die einen ganzen Tag vor dem Zweikampfe gegeben werden, enthalten auch eine Ermahnung zur Tapferkeit (Enf. O. 2503. ib. 2516 ff.). Das eine davon gehört zu den längeren und enthält noch einige Unterweisungen über die Art und Weise, wie man sich beim Kampfe zu verhalten habe. Es wird von Naimes an Ogier gerichtet:

    „Biaus niés", dist il, „or soies souvenans
    Que joer.es hom, ou point qu'il ert venans,
    Puis que d'ounour conquerre est goulousans,

---

*) Bei einem Zweikampf zwischen zwei Heiden, welcher Fall in den Chansons de geste selten ist, empfängt auch nur derjenige Kämpfer ein Chastïement, auf dessen Seite das Recht ist; so G. d. B. 5315. (Siehe S. 43 Mitte).

> Ne doit douter ne paines ne shans;
> En tous poins d'armes doit estre aventurans.
> Bataille avez prise á ces mescreans,
> Vous et Charlos, mais or soiez gaitans,
> Se vous pouvez, que li soiez aidans
> Se vous vees qu'il en soit besoignans.
> Se dou ferir sentez vos braz pesans
> Et ens ou hiaume estes auques suans
> Et de combatre traveillez et souflans,
> Ne soiez mie pour ce desconfortans
> Ne en vo cuer de riens desconfisans;
> S'en tel point estes que ci sui recordans,
> Penser devez k'en pieur point. ij. tans
> Soit cil vers cui vous estes combatans." Enf. O. 2516—32.

B. d. S. Chant XXII, 716 findet sich die Mahnung, das Recht beim Zweikampf zu wahren:

> Le dist: „drois a mestier d'aïde bien souvent;
> Or, i gardés le droit bien et souffisaument."

Dieses Chastïement ist an einen König gerichtet, auf dessen Veranlassung hin ein Zweikampf zwischen zwei christlichen Rittern stattfinden soll. Die darin enthaltene Mahnung war nicht ohne Grund. Denn der Verlauf des Kampfes war nicht immer ein ordnungsgemässer. Oft kamen Ueberfälle von Seiten der Verwandten des einen Kämpfers und andere Unregelmässigkeiten vor. Das Verrätergeschlecht, die Sippe Ganelons, legte sich fast regelmässig in den Hinterhalt, wenn Einer der Ihrigen einen Zweikampf auszufechten hatte, um, wenn etwa ihr Kempe unterliegen sollte, hervorzubrechen und ihm Hilfe zu bringen.

Eine Stelle ähnlichen Inhalts wie B. d. S. XXII, 716 findet sich ib. 285.

Die Ordnung beim Zweikampf aufrecht zu erhalten, dazu waren die Wachen des Feldes da. Diese hatten bei einem Ueberfall dem bedrängten Ritter helfend beizuspringen. An sie richtet der Ritter Ferrant in der Chanson Gaydon, der beim Zweikampf von der Sippe der Verräter überfallen wird, die Aufforderung, ihn ja nicht treulos zu verlassen, sondern ihm beizustehen:

„Seignor, por Deu, or n'i ait mauvaistié.
De moi aidier ne soiez deshaitié.
Se m'i failliez, voz i auriez pechié;
Vilainment voz sera reprochié." Gd. 6805—8.

## 4. Krieg.

Die Kriege, die uns in den Chansons de geste vorgeführt werden, sind von verschiedener Natur. Einmal sind es Eroberungszüge gegen die Heiden oder Verteidigungskämpfe gegen dieselben. Dann sind es Kriege des Lehnsherrn gegen den aufständigen Vasallen. Seltener sind es Kriege zwischen zwei von einander unabhängigen, christlichen oder heidnischen Königen. Endlich sind es auch oft Fehden der Ritter unter einander. Unter die Rubrik Krieg rechne ich auch noch die Ueberfälle, die manchmal gegen einzelne Ritter unternommen werden.

Die Chastïements, die bei derartigen Anlässen erteilt werden, können wir in drei Gruppen verteilen. In die erste Gruppe fallen diejenigen, welche längere Zeit vor einem Kriege oder Kampfe und natürlich immer im Hinblick auf denselben gegeben werden; in die zweite diejenigen, welche kurz vor der Schlacht und in die dritte die, welche während derselben erteilt werden.

Die Chastïements der ersten Art werden entweder von einer Person an eine ganze Anzahl anderer gerichtet (dann besteht diese Anzahl entweder aus einem ganzen Heere oder doch aus einer grösseren Schaar von Kriegsleuten und derjenige, welcher die Lehren gibt, ist der Anführer derselben, oder, wenn das nicht der Fall ist, einer der hervorragenderen Helden) und enthalten dann Ermahnungen zur Tapferkeit (G. d. M. S. 444, 9. Conq. J. 1002), zur gegenseitigen Treue (F. 3517. H. C. S. 104 unten), zur Klugheit (R. d. M. S. 74, 17), zum Glauben und zur Liebe Gottes (Conq. J. 917. ib. 6340) und zur Demut (G. d. B.

4

8514. Ch. d'A. II. S. 274, 4) oder es kommen dabei nur zwei Personen in Betracht, eine, die das Chastïement erteilt und eine andere, die es entgegennimmt. Die Person, welche das Chastïement gibt, kann sich nun entweder dem Kriege zustimmend oder von demselben abratend verhalten. Verhält sie sich **zustimmend**, so erteilt sie ähnliche Ermahnungen wie die schon erwähnten, nämlich zur Tapferkeit (Aubr. T. S. 170, 15. R. d. M. S. 141, 14. R. d. C. S. 162 Mitte. G. d. M. S. 514, 10. B. d. S. XVIII, 805 ff.) zur Treue (Gd. 4292. Aubr. T. S. S. 170, 15), zur Klugheit (Aubr. T. S. 97, 9. R. d. M. S. 141, 14), zur Freigebigkeit und Wahrheit (R. d. M. S. 141, 14—15); verhält sie sich **abratend**, so fordert sie zur Klugheit auf (Aubr. T. S. 144, 8 ff. B. d. S. XX, 880), weist auf das Unberechtigte eines Krieges hin (Gd. 3069 ff.; Aubr. T. S. 238, 5. P. l. D. 1819) oder auf die verderblichen Folgen desselben für das arme Volk und die Kirche. (R. d. C. S. 42 oben). Die Lehren werden immer an einen der am Kriege zumeist Beteiligten gerichtet.

Noch ein andrer Fall kommt G. d. B. 8540 vor, wo die **Angehörigen eines ganzen Heeres sich gegenseitig zur Treue ermahnen:**

Et dient humblement: „Soions vray compaignon." G. d. B. 8540.

Ich lasse noch einige Proben von Chastïements der ersten Gruppe folgen:

„Et soies preus et sages et larges vivendiers
Ne soies as barons, ço gardes, mençoigniers." R. d. M.
S. 181, 14.
Dist Bernier: „Sire, molt aveiz grant poour.
Soiés preudomme et bon combatéour:
Chascun remembre de son bon ancesor.
Je n'el volroie por une grant valour
Povre chançon en fust par gogleour." R. d. C. S. 162.
„Bien devons Damledeu amer et tenir chier
Qui chi volra conquerre le gloriox loihier,
Le beneichon Deu envers lui desrainier,
Chascuns penst de bien faire et de lui efforchier. Conq. J. 917.

Die Chastïements der zweiten Gruppe werden zumeist von Einem an Viele gerichtet und zwar gewöhnlich vom Anführer an sein Heer oder von hervorragenden Helden an die Kampfgenossen. Die Lehren, die erteilt werden, sind dieselben wie in den Chastïements der ersten Gruppe, nur meist etwas kürzer gefasst. Es sind anfeuernde Ermahnungen\*) zur Tapferkeit (D. d. M. 10493. Mac. 2563. B. d. S. I, 401. Ch. d'A. I. S. 114, 7. ib. II, S. 211, 5. Gd. 2019. ib. 4961. Ronç. S. 170. ib. S. 175. ib. S. 178), zum Glauben und Gottvertrauen (F. d. C. S. 62. J. d. Bl. 2744. G. d. B. 8731. Enf. G. Absch. XI. B. d. S. XVIII, 25. Conq. J. 709. ib. 2150) und zur Treue (Acq. 579. ib. 2851. Conq. J. 2150).

Ich lasse gleich hier einige Proben folgen:

„Baron, aiés les cuers adurés et entiers
Et soit huimais chascuns Dame Dieu soudoiers." Ch. d'A. II.
S. 211, 5.

„Gardés que en vous n'ait paour ne couardie
Mès deffendés vous si que tout le monde die
Vous estes vassal plein de chevalerie. D. d. M. 10493.

„Aiez fiance en deu de majeste,
Car qui por lui aura son tans use
Si grant loier li aura apreste
Comme celui qui iert de deu privez." J. d. Bl. 2744.

In wenigen Fällen nur empfängt ein Einzelner ein Chastïement: Enf. O. 1622. F. 4726. Gd. 4314. R. d. M. S. 79, 17. Es sind meist Ermahnungen zur Tapferkeit.

In Gd. 4314 findet sich der merkwürdige Fall, dass an einen Angehörigen der Gegenpartei ein Chastïement gerichtet wird. Der Ritter Ferraut soll von dem Ritter Hernaut, dessen Gastfreundschaft er in Anspruch

---

\*) Ermutigende, anfeuernde Worte ohne lehrhaften Inhalt werden oft vor und während der Schlacht gesprochen. Ein bei dieser Gelegenheit häufig gebrauchter Ausdruck ist: „or du bien faire" oder „de bien faire pensez " (F. 3273. ib. 3281. ib. 5219. Gui de Nanteuil 2913. A. 10863. R. d. C. S. 214. ib. S. 163 u. s. w.

genommen, überfallen werden. Hernauts Sohn Savari stellt sich auf Ferrauts Seite und sucht, ehe der Kampf beginnt, noch einmal seinen Vater von seinem schändlichen Beginnen abzuhalten:

> Dist Savari: „Peres por Deu merci,
> Ne faire chose dont tu soiez reprins." Gd. 4314—15.

Ein ähnlicher Fall findet sich in R. d. M. S. 80, 17. Die hier sich feindlich gegenüberstehenden Parteien sind der alte Haimon und seine Kinder. Die Haimonskinder sind in die Acht erklärt worden und daher vogelfrei. Der alte Haimon muss sie angreifen, wenn er den Treueid, den er Kaiser Karl geschworen, nicht brechen will. Er tut dies auch, ermahnt aber vorher seine Kinder zur Tapferkeit:

> „Orendroit en cel bos hermites devenes.
> Refaites ces chaucies, ces maus pas estoupes.
> El vos covient il taire, puisque vos recrees
> Vos iestes chevaliers, hardis et alossés.
> Quiconques vos asaille, très bien vos desfendes." R. d. M.
> S. 80, 17.

Noch ist ein andrer Fall zu erwähnen. In La Conquête Jérusalem wird den christlichen Kriegern beim Angriff auf die Stadt Jerusalem von den Frauen, die das Kreuzfahrerheer begleiten, die Mahnung zu Teil, tapfer zu sein:

> Les dames lor escrient: „Ne soies pas lanier." Conq. J. 3219.

Wir haben hier also ein Chastïement, erteilt von Vielen an Viele.

Es erübrigt noch, ein Wort von den Chastïements zu sagen, welche während der Schlacht gegeben werden. Sie unterscheiden sich nicht wesentlich von denen der zweiten Gruppe. Inhaltlich weisen sie keine Verschiedenheiten auf und werden auch zumeist von den Anführern oder hervorragenden Helden an die Kampfgenossen gerichtet (Ch. d'A. II. S. 256, 10. F. 5350. Acq. 2465. Rol. 1472. Ronç. S. 195 oben. ib. S. 215 Mitte. G. d. B. 6865. ib. 9283. Conq. J. 5331. Gd. 6986. ib. 8026).

In zwei Fällen nur werden sie an **Einzelpersonen** gerichtet (Enf. O. 1696. Aubr. B. 159. ib. 178.) Die Chastïements, welche gelegentlich einer Schlacht erteilt werden, verfehlen gewöhnlich ihre Wirkung nicht. Die Krieger fassen frischen Mut, wenn sie, mutlos geworden waren und kämpfen wieder so tapfer als zuvor:

> Quant ly baron oïrent l'évcsque qui parla
> Chascuns a repris cuer et Jhésus aoura. G. d. B. 9287—88.
> Quant Rollans l'entendi, si regarda s'espée
> Et Oliviers la siue qui est ensangletée,
> N'i a celui d'aus tous n'ait vertu recouvrée,
> As boins brans acerins la tor ont devée. F. 5359—62.

Die Chastïements, die gelegentlich eines Krieges oder einer Schlacht erteilt werden, begegnen uns am häufigsten in den Chansons de geste.

### 5. Andere Veranlassungen.

Wir haben nun noch eine Reihe Chastïements zu betrachten, die bei Anlässen erteilt werden, welche unter keine· der bis jetzt behandelten Rubriken fallen. Diese Anlässe kehren zum Teil weniger häufig in den Chansons de geste wieder, als die bereits betrachteten, oder sind, wenn sie sich eben so häufig finden, seltener von Chastïements begleitet.

Zu erwähnen sind zunächst einige längere Chastïements, die gelegentlich der **Krönung** eines neuen Herrschers gegeben werden. Die einschlagenden Stellen befinden sich H. d. B. 210. Cor. L. 62. ib. 152. Im ersten Falle schlägt Charlemagne den versammelten Baronen seinen Sohn Charlot als seinen Nachfolger auf dem Trone vor. Naimes fordert Karl auf, dem neuen Herrscher erst die Moral gehörig zu lesen. Dies geschieht. Die Lehren jedoch, die Karl bei dieser Gelegenheit seinem Sohne erteilt, nehmen nicht speciell auf den Stand des Herrschers Bezug:

„Fiex, n'aies cure de traïtor lanier;
As plus preudommes vous alés acointier,
Car de preudomme puet venir tos li biens.
Portés honnor et amor au clergié,
A sainte glise pensés de repairier,
Donnés du vostre as pqvres volentiers." H. d. B. 210—15.

Anders ist dies in Cor. L. 62 und ib. 152. Hier ist es wieder Karl, der die Lehren gibt und zwar seinem Sohne Ludwig vor und nach der Krönung desselben. Diese Chastïements enthalten neben Lehren allgemeineren Inhalts auch solche, die sich speziell auf den Herrscherstand beziehen.

„He Looys, dist Karles, sire filz,
Tu auras tot mon roiaume à tenir:
Par tel covent le puisses retenir
Qu'à hoir enfant ja son droit ne tolir,
N'a veve fame vaillant un angevin:
Saintes églises pensez de bien servir,
Que ja deables ne te puisse honir;
Tes chevaliers pense de resbaudir,
Par euls seras honorez et serviz
Par totes terres, et amez et chériz." Cor. L. 152—161.

Am meisten für den Herrscherstand berechnet ist das Chastïement, welches Karl seinem Sohn Ludwig fünf Jahre nach dessen Krönung, kurz vor seinem (Karls) Tode gibt. Es findet sich Cor. L. 175—210. (Vergl. S. 23.)

Auch bei Belehnungen werden manchmal den Belehnten Chastïements erteilt. So H. C. S. 95, 1, wo Hugues Capet von der Königin Blanchefleur mit dem Herzogtum Orléans belehnt wird und dabei folgende Lehren empfängt:

„Le maintenez est at dont soiiez honorez,
Hantez les plus vaillans et despendez assez:
Il sera bien paiié, et ne vous en toutez." H. C. S. 95, 1—3.

Ausserdem bieten Veranlassung zu Chastïements:
Gerichtssitzungen. H. d. B. 9891. ib. 9906. Die Richter werden ermahnt, recht zu richten, das eine Mal vom obersten Gerichtsherrn (Charlemagne), das

andere Mal von einem der Mitrichtenden (Naimes). Ich will die letztere Stelle als Probe anführen:

„Signor, dist Nalcs, envers moi entendés:
Li rois nos a loiaument conjuré,
Or gardons bien ne disons fauseté.
Sor nous seroit, se disons malvaisté." H. d. B. 9906—9.

Ferner eine Heirat, durch die eine Fehde endgültig beigelegt und die Versöhnung der streitenden Rittergeschlechter herbeigeführt wird. Das Chastïement wird an den Bräutigam gerichtet vom Vater desselben:

„Biax fix Bernier, ce dist li viex Ybers,
Hardis soiés et chevalier en grès.
Tant que je tui meschins et jovencel,
Soi-je molt bien maintenir mon cenbel,
Et de ma lance à droit porter le fer." R. d. C. S. 229 oben.

Erstes Wiedersehen nach langen Jahren der Trennung. R. d. C. S. 319. B. d. S. XVII, 794. Das Chastïement wird beide Male erteilt an den Sohn, in R. d. C. von der Mutter, in B. d. S. vom Vater.

„Anfant, dist elle, molt nos devés amer,
Et vostre père servir et honorer.
Le roi de France à vo pooir garder,
Car contre cel ne puet nus hons aler,
Et cil il vo à mal li doit torner;
Et la couronne essausier et lever;
S'ainsi le faites, com vos m'oés conter;
Sos ciel n'a home qui vos puisse grever." R. d. C. S. 319.

Die Stelle in B. d. S. XVII, 794, enthält die Mahnung, an die Sonne als Gott zu glauben. Der Vater, ein heidnischer König, ist nämlich Sonnenanbeter. Ihm ist prophezeit worden, dass sein Sohn dereinst einen andern Glauben annehmen werde. Um dies zu verhindern, hat er ihn getrennt von der Aussenwelt in einem abgelegenen Schlosse erziehen lassen. Er sieht seinen Sohn erst nach fünfzehn Jahren wieder und gibt ihm gleich beim ersten Wiedersehen die erwähnte Mahnung, da er noch immer in Angst schwebt, die Prophezeiung könne sich erfüllen. Vergl. S. 6 unten.

Eine Gesandschaft, die der heidnische König Agolant empfängt. Sein Vasall und Ratgeber Balan gibt ihm Vorschriften über den Empfang von Gesandten. Ag. 1206—17. (Siehe S. 19.)

Das Erwarten eines Gesandten. Der Ritter Beuves d'Aigremont erhält von seiner Frau Anweisungen, wie er den erwarteten Gesandten empfangen soll. R. d. M. S. 13, 21—25. (Siehe S. 19.)

Eine ganze Reihe von Chastïements werden erteilt gelegentlich der Tröstung in irgend einer unglücklichen Lage. Hierher gehören die Stellen: G. d. B. 10368. B. d. S. XIV, 385. ib. XII, 444. ib. XX, 495. H. d. B. 2635.

Die beiden ersten Chastïements werden im Gefängnis erteilt in der sichern Erwartung des Todes, seitens der Gefangenen und enthalten eine Mahnung, den Tod willig hinzunehmen, wahren Glauben und aufrichtigen Sinn zu haben.

„Prendons en gré la mort, franc noble palasiin,
Et s'aions, ens el coer, de Dieu le sanc divin
Qu'il respandi pour nous oster de mains Kayn
Aïons vraie mémore et vrai coer entérin
A le joie des chiex. . . . B. d. S. XIV, 385—89.

Ein Gefangener tröstet mit diesen Worten seine Leidensgefährten. Aehnlich G. d. B. 10368.

Die drei andern Chastïements dieser Gruppe enthalten eine Mahnung zum Gottvertrauen und werden in verschiedenen unglücklichen Lagen gegeben. Ich führe nur die Stelle in H. d. B. 2635 als Probe an:

„Et fiance aies en le Vierge pucele,
Dont Jhesu Cris fist s'amie et s'ancele;
Qui velt edier, desconfis ne puet estre." H. d. B. 2635—37.

Die drei zuletzt erwähnten Chastïements werden entweder von Einem an Mehrere gerichtet oder an eine andere Einzelperson.

Eine andere Reihe von Chastïements wird erteilt aus dem Grunde, Jemand von irgend einer unbesonnenen oder {ungerechten Tat oder einem übereilten Schritte zurückzuhalten. Der Inhalt der gegebenen Lehren richtet sich natürlich immer nach der Beschaffenheit der Tat oder des Schrittes, den der Andere, der davon abgehalten werden soll, zu thun im Begriff war. Charr. N. 422. ib. 438. Guillaume au court nez ist so erbittert darüber, dass König Ludwig ihn bei der Lehensverteilung nicht bedacht hat, dass ihn sein Zorn zu Tätlichkeiten an dem König hinzureissen droht. Er erhält eine Mahnung zur Ergebenheit, Achtung und Liebe gegen seinen Lehnsherrn.

Et dit Bertrans: „A maléiçons Dé!
Vo droit seignor ne devez pas haster,
Ainz le devez servir et hennorer,
Contre toz homes garantir et tenser." Charr. N. 422—25.

A. 3465. König Ludwig will den Grafen von Boorges ins Gefängnis werfen, weil dieser ihn bekriegt hatte. Er empfängt eine Ermahnung zur Gerechtigkeit seinen Untertanen gegenüber und zu einer milden Behandlung derselben. (Vergl. S. 21 oben).

H. d. B. 245. An Charlemagne, der Huon und seinen Bruder auf die falsche Anklage eines Schurken hin enterben will, wird die Aufforderung gerichtet, auf keinen Bösewicht zu hören, noch einen solchen zu Ehren zu bringen.

„Sire, dist Nales, mal dites et pecié,
On ne doit mie traïtor estauchier
Ne tout ses boins gréer ne otroiier." H. d. B. 245—47.

H. d. B. 1288. Kaiser Karl, der Huon in der ersten Aufregung darüber, dass dieser seinen Sohn Charlot erschlagen hat, tödten will, erhält die Mahnung, sich wie ein verständiger Mensch zu betragen.

„Sire, fait il, por Dieu onipotent,
Maintenés vous à loi d'omme saçant." H. d. B. 1288-89.

Mac. 439. Wieder ist es Kaiser Karl, der hier eine ähnliche Aufforderung empfängt wie H. d. B. 245, nämlich die, keinem Schurken Glauben zu schenken. Denn ein solcher (Macaire) hat seine Gemahlin Blanchefleur der ehelichen Untreue beschuldigt und Karl will, trotzdem dass sie seine eigene Frau ist, auf den Rat Macaires hin ein übereiltes Urteil über sie sprechen.

„Sire emperere, dist Naimes de Baivier,
Ne créés pas conseil de pautonier." Mac. 439—40.

In allen diesen Fällen werden Chastïements von Einzelnen an Einzelne gerichtet. Anders ist dies Conq. J. 5020, wo mehrere Ritter einen Teil des Kreuzfahrerheeres, der die Andern im Stiche lassen und nach Hause zurückkehren will, von diesem Schritte zurückzuhalten suchen, indem sie die Fortstrebenden zum Aushalten und zur gegenseitigen Treue ermahnen.

„Car li I. ne doit l'autre en nul endroit tauser." Conq. J. 5020.

Im Gegensatz zu dem Anlass der eben erwähnten Reihe von Chastïements werden auch einige Chastïements erteilt anlässlich der Ermutigung oder Bestärkung in einem Vorhaben.

Hierher gehören die beiden Ermahnungen, die der Bösewicht Gaufroi in B. d. S. Chant I, 666 u. ib. 582 an seine Sippe richtet (vergl. S. 32 Mitte) und das Chastïement, welches der Verräter Macaire in Mac. 238 dem Zwerg, dem Werkzeug seiner schändlichen Rache an der Königin Blanchefleur erteilt.

Ausserdem könnte man noch hierher rechnen die Stelle in H. d. B. 6169. Eine Anzahl französischer Ritter, die zu Huon ins Gefängnis geworfen wurden, ermahnen diesen, die Treue ihnen zu bewahren.

„Sire, fout il, gardés vo loianté." H. d. B. 6169.

Als letzte, grössere Gruppe sind diejenigen Chastïements zu erwähnen, welche anlässlich einer Zurechtweisung für irgend einen begangenen Fehler gegeben werden und selbst eine solche Zurechtweisung enthalten.

Hierher gehören die Stellen: Gd. 3199. ib. 9842. H. d. B. 3114. ib. 8772. Enf. O. 4043. Aubr. T. S. 208, 25.

(Vergl. S. 19 Mitte). Es sind dies meist einfache Rügen, die Personen erteilt werden, welche mit ihrer Tapferkeit, Macht oder mit schwierigen Unternehmungen prahlen, die sie ausführen wollen.

Ausserdem sind hierher zu rechnen die Stellen: Aubr. T. S. 87, 19. Der Graf von Flandern hat seiner Gemahlin den Vorwurf der Untreue gemacht und erfährt deshalb von ihr eine Zurechtweisung:

„Sire, dist ele, n'aies fole pensee;
Ne crees chose, si l'aies esprouee;
Ne deusse estre de nos si ranprosnee." Aubr. T. S. 87, 19—21.

Aubr. T. S. 20, 17. Rechtfertigung eines Beginnens, das von einem Andern getadelt wird, durch ein Chastïement:

Dist Auberis „Gaselins, moult es ber.
Ne nos conuient d'itel chose parler.
Les beles dames doit on tantost amer" etc. (Siehe S. 17 Mitte).

Horn C. 912. Zurechtweisung für eine Lüge.

„Alez coe dist Rigurel seez uerai parler.
Ne m'alez deceuant cum estes costumer." Horn C. 912—13.

Ronç. S. 156 Mitte. Charlemagne hat wieder einmal auf die Ratschläge der Verräter gehört und wird dafür von Naimes getadelt:

„Droiz emperere, entendes mon talant.
Ne créez pas consel de soduiant."

V. d. Ch. 674. Karl erhält eine Rüge dafür, dass er Tags vorher mit seinen Pairs den König von Constantinopel Hugues verspottet hat:

„Charles, ne t'esmaier, ço te mandet Jesus,
Des gas qu'erseir desistes moult grant folie fut.
Ne gabez ja mais hume, ço te mandet Cristus.
Va, si fai cumencier, ja n'en i faldrat uns." V. d. Ch. 674—77.

Bei allen Chastïements dieser Gruppe kommen nur zwei Personen in Betracht, eine, die die Lehren gibt, und eine andere, die sie empfängt.

Als fillolaigo (Patongosohonk?) finden wir ein Chastïement in A. et A. 1625 gegeben. Dem Ritter

Hardrez fällt es plötzlich ein, dass er seinem Patenkinde Aulori noch kein Patengeschenk gegeben hat und er beeilt sich, dieses nachzuholen, indem er dem Aulori nach der Weise der traitres (Hardré sowohl wie Aulori gehören der Sippe der Verräter an) eine Reihe schlechter Lehren giebt. (Vergl. S. 32 oben). Demnach scheint es im Mittelalter Sitte gewesen zu sein, dass den Täuflingen von Seiten ihrer Taufpaten entweder bei der Taufe selbst oder später Lehren mit auf den Weg ins Leben gegeben wurden. Andre Belegstellen als die eine erwähnte fehlen jedoch in den Chansons de geste.

Folgende drei Stellen kann man einfach als Bekehrungsversuche auffassen. Es sind Worte, die an einzelne Heiden gerichtet werden, um diese zum christlichen Glauben zu bekehren, und enthalten die Aufforderung, an Gott oder an Christus zu glauben. Ich lasse eins als Probe folgen:

„Vassans, créés à Dieu qui fist de l'iauwe vin,
Le jour qu'il sist au noches de Saint Archéteclin.
Car li lois Mahoumet ne vaut j. angevin.
Mahons n'a de puissanche nient plus que j. mastin!
Roys, aoure no loy, si renoy Apolin!" B. d. S. XXII, 113—17.

Die beiden andern Stellen finden sich auch in Bauduin de Sebourc, nämlich: B. d. S. XI, 211; ib. 477.

In Les L. Bl. 57ª, 22—27 wird ein Chastïement gegeben, um Streit zwischen zwei Schaaren von Rittern zu verhindern, die sich bisher feindlich gegenüber gestanden haben. Die eine Schaar kommt nämlich in der Absicht, um Frieden zu bitten, zu Garin le Loherain. Dieser ermahnt die Seinigen, ja vorsichtig in Worten und Taten zu sein, da er fürchtet, dass etwaige verletzende Aeusserungen von Seiten seiner Anhänger fallen und den Streit von Neuem anfachen könnten. (Siehe S. 29 oben).

Ein Chastïement als Antwort auf eine Frage,

zugleich die Belehrung über den gefragten Gegenstand enthaltend, finden sich A. 295—304. (Siehe S. 18 unten). Pr. d. P. 5599 ff. findet sich ein Chastïement, gegeben gelegentlich einer Bitte. Roland bittet Karl um ein Lehen für einen Andern und ermahnt ihn vorher zur Freigebigkeit.

„Sire, cil cir che vieut examplir autement
Doit promotre e donier à cescun larçement
Selong le etre de lu e de cil che atent;
Le don e motrier li buen vis e buen talent.
Bien savés che Alixandre sourmunta tote gient.
Trou plus par bien promotre e donnier noblement
Che par nule autre çouse, com vousoiés sovent" etc. Pr. d. P. 5599—605.

Das Chastïement G. d. B. 8540 könnte man betrachten als die Folge von einem vorausgegangenen. G. d. B. 8514—35 ermahnt Gottfried von Bouillon die Christen zur Demut u. s. w. und gleich darauf fordern sich dieselben gegenseitig zur Treue und Freundschaft auf:

Et dient humblement: „Soions vray compaignon,
Et qui en a mestier, voist à confiession." G. d. B. 8540—41.

Noch bleiben zwei Chastïements zu erwähnen. Das eine erteilt Karl der Grosse an seine Ritter, als er schmerzbewegt vor den Gefallenen von Ronçevaux steht:

„Baron, dist Karles, bien devons Deu servir,
Nus ne se doit esmaier de morir.
Vez vos amis à la terre jésir,
Franc chevalier, pansez de l'enfoir." Ronç. S. 297 Mitte.

Das Andere findet sich in G. d. B. 3488 ff. Es wird von der Herzogin Ydain an ihre drei Söhne Witasse, Godefroid und Bauduin gerichtet. Für dieses Chastïement könnte man als Anlass den Charakter der Herzogin als Mutter und Erzieherin ihrer Kinder anführen.

„Enfant, dist la ducoise, or oyés mon samblant:
Vous venés d'une jeste de miracle poissant,
Dou chevalier au Chine, fil au roy Oriant:
Y Roys, une royne sont vo apiertenant.
Or voelliés resambler vo lignage vaillant:

Soyés largé et courtois, débonnaire et saçant;
Donnés as poures gens; soyes dieux aourant
Le sierviche de Dieu volontiers escoutant;
Vesves et orphenins alés réconfortant;
Faittes boins jugemens; n'alés point variant;
N'alés crestiénet nullement guerriant;
Guerryés Sarrasins en vo loy exauçant,
Et se vous faittes çou que je voy devisant,
Vous arés plus d'onneur c'oncques n'en orent tant
Tout chil qui ont régné et qui iront régnant." G. d. B.
3488—506.

# III. ABSCHNITT.

## Wer gibt Chastïements und an wen werden sie gerichtet?

Wie schon früher einmal bemerkt worden ist, werden auf heidnischer Seite nur sehr wenige Chastïements gegeben; weitaus die meisten finden wir auf christlicher Seite. Wir wollen die letzteren zuerst betrachten.

### A. Wer gibt Chastïements?

Wir finden unter den Chastïements-Erteilern **Angehörige aller Stufen der ritterlichen Hierarchie**. Da begegnen uns zuerst **Könige**, die Spitzen der Ritterschaft: **Karl der Grosse** vor Allen (Ch. des S. II. S. 100, 101, 102. R. d. M. S. 48, 32. ib. S. 11, 16. Cor. L. 62. ib. 152. ib. 175. H. d. B. 210. ib. 9891. Ronç. S. 297 Mitte. Chev. O. 7315. D. d. M. 10493), dann sein Sohn, König **Ludwig** (F. d. C. S. 62 oben) und noch einige weniger bekannte Könige: König **Ouri** von Baiern (Aubr. B. 159. ib. 178), König **Flore**, der Vater von Berte aux grands pieds (B. a. g. p. 136); sodann **Herzöge, Fürsten und Grafen**, also die reicheren Rittergeschlechter, der höhere Lehnsadel. Aus den Reihen desselben heraus werden bei weitem die meisten Chastïement gegeben. Aber auch Angehörige des niederen Lehnsadels, der ärmeren Rittergeschlechter erteilen Lehren, (Riol, der weise Ratgeber Gaydons in Gd. 3069; Gautier in Gd. 6986. ib. 8026. Der Bastard in B. d. S. Chant. XX, 495. ib. 880 u. s. w.) Weiter finden wir auch besitzlose, auf Abenteuer ausziehende Ritter unter den Belehrenden, mögen sie nun gezwungen, weil von ihren Besitzungen vertrieben, ihr gefahrvolles, aber nicht reizloses Leben führen, oder freiwillig. (Aiol in A. 3465. Gaufrey in G. 4763. Renaut de Montauban in R. d. M. S. 74, 17 u. s. w.). Selbst Königssöhne finden wir unter diesen abenteuernden Rittern (Auberi le Bourgoing in Aubr. T. S. 20, 17. ib. 208, 25. Bauduin in B. d. S. Chant XIV, 385. ib. 1350. Esmerés ib. XVIII, 25). Andrerseits finden wir wieder solche Ritter als Erteiler von Lehren welche sich ganz vom Leben der Welt zurückgezogen haben und einsam im Walde leben (z. B.: der alte Graf Guy de Mayence, der Vater Doons in D. d. M. 2431, Elie de St. Gille, der Vater Aiols in A. 162. ib. 207. ib. 322). Gerade diese lieben es, da sie bei ihrem hohen Alter gewöhnlich eine reiche Fülle von Lebensweisheit und Erfahrung besitzen, viele weise Lebens- und Klugheitsregeln zu geben.

Weitaus die meisten Chastïements werden also von Rittern erteilt. Ausser den bereits erwähnten sind noch als bekanntere Rittergestalten zu nennen: Naimes (H. d. B. 245. ib. 1288. ib. 9906. Enf. O. 2503. ib. 2516. Chev. O. 7327. Ronç. S. 156 Mitte. Acq. 2465. Mac. 439. Gd. 9842). Roland (Ronç. S. 178 Mitte. ib. S. 215 Mitte. F. 3517. Pr. d. P. 5599). Olivier (G. d. V. 986). Ogier (Enf. O. 2712. F. 5350). Bérart de Mondidier (G. 9209.) Herzog Tierris (Enf. O. 1622. ib. 2503). Gerard de Viane (G. d. V. 229). Guillaume d'Orange (Alic. 8021. Charr. N. 754. Cov. V. 30.) Godefroid de Bouillon (G. d. B.

8514. ib. 8731. Conq. J. 5331. ib. 6340), Garin le Loherain (Mort G. S. 10), Macaire (Mac. 238). Hardré (A. et A. 1625), Bernier (R. d. C. S. 162 Mitte) u. s. w.

Auch junge Leute, welche noch nicht den Ritterschlag empfangen haben, erteilen zuweilen Chastïements, wenn auch sehr selten und dann nur kurze Ermahnungen (Guillaume d'Orange in Enf. G. Abschn. XI und Savari in Gd. 4314).

Neben der Hauptmasse von Chastïements, die von Gliedern des weltlichen (ritterlichen) Standes gegeben werden, finden wir auch eine Anzahl solcher, die Angehörige des geistlichen Standes erteilen.

Der Statthalter Christi, die Spitze der geistlichen Hierarchie, der Papst selbst erscheint in den Chansons de geste als Chastïement-Geber. (Ag. S. 184 unten. H. d. B. 2602. Sein Name wird nicht genannt. Es ist überhaupt selten in den Chansons de geste, dass der Name eines Papstes genannt wird. Gewöhnlich heisst er nur l'apostoile).

Sodann treten eine Reihe Erzbischöfe und Bischöfe als Erteiler von Chastïements auf. (Erzbischöfe: Ronç. S. 170 Mitte. ib. S. 175 Mitte. ib. 195 Mitte. Acq. 579. Rol. 1472. Bischöfe: Ch. d'A. II. S. 256, 10. ib. S. 274, 4. G. d. B. 9283. Conq. J. 2150).

Diese geistlichen Würdenträger sind aber alle mehr Männer des Krieges als Männer des Friedens. Sie kämpfen gleich den tapfersten Rittern. Turpin ragt vor Allen durch Tapferkeit hervor. Die Ermahnungen, die sie geben, werden alle in oder vor der Schlacht gegeben und sind meistens von kurzen, anfeuernden Worten begleitet.

Von friedlicherem Charakter als die eben erwähnten Geistlichen ist der Bischof Guirrez in Gaydon 6438, ein Spross der Sippe Ganelons, der dem Gui, seinem Verwandten, vor dessen Zweikampf mit dem Ritter Ferraut, nachdem er ihm die Messe gesungen, eine Menge der schlechtesten Lehren mit in den Kampf gibt. S. S. 31.

Von geistlichen Würdenträgern wird ferner noch in B. d. S. Chant XII, 444 ein **Abt** genannt, Maistres Thumas, Prior eines christlichen Klosters im Heidenlande. Er ist von eben so friedlichem Charakter als der Bischof Guirrez. Er ermahnt seine Mönche zum Glauben und Gottvertrauen, als sie mit dem Tode bedroht werden.

Mönche als Erteiler von Chastïements treten nicht auf, wenn man nicht Peter von Amiens hierher rechnen will, oder den Schwanenritter Helias, der, als er sich von der Welt zurückzieht, um als Mönch seine Tage zu beschliessen, beim Abschied seinen Freunden noch eine kurze Mahnung erteilt. Chev. a. C. 3013.

Dass **Einsiedler** auch Lehren geben, ist bereits Seite 57 erwähnt worden (Elie de St. Gille und Guy de Mayence). Ein andrer Einsiedler, zugleich der Erzieher des Helias, kommt im Chevalier au Cygne vor. (Chev. a. C. 1210. ib. 1241).

Ein kriegerischer Einsiedler ist der schon erwähnte Pierre l'hermite (wie er in den Chansons de geste gewöhnlich genannt wird), Peter von Amiens. Er hat seinen Charakter als Eremit schon längst mit dem eines Priesters und Kämpfers im Kreuzfahrerheere vertauscht. (Conq. J. 917. G. d. B. 6865).

Alle, die wir bis jetzt erwähnt haben, waren Männer, aber auch **Frauen** geben zuweilen Chastïements. Wir finden **Königinnen**: Blanchefleur, Gemahlin des Königs Flore (B. a. g. p. 211), Blanchefleur, König Ludwigs Witwe (H. C. S. 95, 1), die Gemahlin Pipins (Mort G. S. 84 Mitte), die Feenkönigin Brunehaus (Aub. 1075. ib. 2392), und **Königstöchter**: Riemenhild (Horn C. 912, Oriabel (J. d. Bl. 1170), **Herzoginnen** und **Gräfinnen** (H. d. B. 403. ib. 560. P. l. D. 502. G. d. B. 3488. Chev. d. S. I. S. 86, 4. Aubr. T. S. 87, 19. ib. S. 238, 5. G. 250. ib. 1457. R. d. C.

S. 42 oben. ib. S. 319 unten. R. d. M. S. 13, 21. B. d. C. 77), sowie die **Frauen** und **Töchter gewöhnlicher Ritter** vertreten (Aubr. T. S. 170, 15. Gd. 4292. B. d. S. Chant XVIII, 805).

Die Chastïements, die von Frauen gegeben werden, sind meist gerichtet an Verwandte (Ausnahmen nur P. l. D. 502. H. C. S. 95, 1. Horn C. 912 und J. d. Bl. 1170).

Einmal geben die Frauen in ihrer **Gesammtheit** ein Chastïement, d. h. alle Frauen, welche in der Chanson de geste La Conquête de Jérusalem das Kreuzfahrerheer begleiten). Conq. J. 3219.

### B. An wen werden Chastïements gerichtet?

Angehörige des **geistlichen** Standes, welche, wie wir kurz vorher gesehen haben, ziemlich oft Chastïements erteilen, empfangen **fast nie** solche. Nur eine einzige Stelle und zwar B. d. S. Chant XII, 444 weist eine Ermahnung auf, die an die Mönche eines Klosters gerichtet wird vom Abte desselben.

Auch an Personen **weiblichen** Geschlechts, die doch ebenfalls häufig genug belehrend auftraten, finden wir nur höchst selten Chastïements gerichtet (B. a. g. p. 136 an die Tochter des Königs Flore Berta; ib. 211 an dieselbe. Aubri B. 159. ib. 178 an die Gemahlin des Königs Ouri von Baiern Guiborc).

Dagegen finden wir, dass an **solche** Personen, die den Ritterschlag noch nicht empfangen haben und die sehr selten Chastïements **erteilen**, wie wir gesehen haben, sehr oft welche gerichtet werden, sowol in ihrer Kindheitsepoche (G. d. B. 3488), als auch im Jünglingsalter (D. d. M. 2431. A. 162. ib. 207. ib. 295. ib. 322. Chev. a. C. 1210. ib. 1241. Gd. 4292. ib. 6986. R. d. C. S. 319 oben. Aubr. T. S. 170, 15. H. C. S. 104 unten. ib. S. 95 oben. Mainet S. 335, 49. B. d. S. Chant XVIII, 805); dann auch beim Ritterschlag selbst (Chev. O. 7315.

Alisc. 8021. H. d. M. S. 595. R. d. M. S. 48, 32. G. d. V. 229. G. 9209).

Die meisten Chastïements werden aber doch an **Ritter** gerichtet, d. h. an solche Personen, die den Ritterschlag bereits empfangen haben. (Ch. des S. II. S. 100, 101, 102. G. 4763. Charr. N. 422, 438. Gd. 6438. R. d. C. S. 162. P. 1. D. 549. R. d. M. S. 141, 14 u. s. w).

Unter diesen Rittern befinden sich auch **Könige** und **Königssöhne**. Könige: Karl (H. d. B. 245. ib. 1288. Mac. 439. Pr. d. P. 5599. Ronç. S. 156 Mitte), **Ludwig** (Cor. L. 152. ib. 175. Charr. N. 754. A. 3465), **Philipp von Frankreich** (B. d. S. Chant XX, 880) und die zwei Könige feenhafter Abkunft, die im Roman d'Auberon erwähnt werden, **Jules Césars** (Aub. 1075) und **Auberon** (Aub. 2392).

Von Königssöhnen finden sich erwähnt, **Ludwig** (Cor. L. 62. Chev. O. 7327. ib. 7315), **Charlot** (H. d. B. 210. Enf. O. 1622. ib. 2503. ib. 2712) und **Lohier** (R. d. M. S. 11, 16), Söhne Karls, und der Königssohn **Esmerés** in B. d. S. Chant XIV, 1350.

Eine grosse Anzahl Chastïements wird an ein **ganzes Kriegsheer** oder eine grössere Schaar von Kriegsleuten gerichtet, die gewöhnlich nicht blos aus Rittern besteht. (D. d. M. 10493. R. d. M. S. 74, 17. F. d. C. S. 62. Acq. 2456. Ronç. S. 215. Conq. J. 6340 u. s. w).

An **Gesandte** werden auch in einigen Fällen Chastïements erteilt: R. d. M. S. 11, 6. R. l. D. 2264.

In zwei Fällen an **Richter**, an die, welche über Huon de Bordeaux Recht sprechen sollen. H. d. B. 9891. ib. 9906. Diese Richter sind zugleich die **Pairs** Karls.

An **Gefangene**: G. d. B. 10368. B. d. S. XIV, 385.

An die **Wachen**, die beim Zweikampf die Ordnung aufrecht zu erhalten haben. Gd. 6805.

An einen **Zwerg**: Mac. 238.

C. In was für Beziehungen steht der Chastïement-Geber zum Chastïement-Empfänger?

Bei einem grossen Teile der Chastïements sind Chastïement-Geber und Chastïement-Empfänger Blutsverwandte. Wir finden die verschiedensten Verwandtschaftsgrade vertreten und können daher unterscheiden zwischen näheren und weiteren Verwandten.

Nähere:
Der Vater spricht zu seinem Sohne oder seinen Söhnen: A. 162. ib. 207. ib. 322. Cor. L. 62. ib. 152. ib. 175. Chev. O. 7315. H. d. B. 210. R. d. M. S. 11, 16. ib. S. 80, 17. Mort G. S. 10. B. Les Bl. 55ᵃ, 30. D. d. M. 2431. Gd. 6986. R. d. C. S. 229.

Selten ist das Umgekehrte der Fall, dass also der Sohn dem Vater Lehren gibt. (R. d. C. S. 162. Gd. 4314).

An einer Stelle nur wird der Tochter vom Vater ein Chastïement erteilt: B. a. g. p. 136.

Die Mutter spricht zu ihrem Sohne oder ihren Söhnen: H. d. B. 403. ib. 560. R. d. C. S. 42 oben. ib. S. 319 unten. G. d. B. 3488. Gd. 4292. G. 250. Aubr. T. S. 170, 15. Ch. des S. I. S. 86, 4. Aub. 1075. B. d. S. Chant XVIII, 805.

Die Mutter zur Tochter nur an einer Stelle: B. a. g. p. 211.

Der Fall, dass der Sohn oder die Tochter Lehren an die Mutter richten, findet sich gar nicht.

Ferner spricht die Gattin zum Gatten: Aubr. T. S. 87, 19. ib. S. 238, 5. R. d. M. S. 13, 21.

Der Gatte zur Gattin nur an einer Stelle: Aubr. B. 159. 178.

Der Bruder zum Bruder: G. 4763. Conq. J. 5331. H. C. S. 104 unten.

Wie man sieht, kommen diejenigen Chastïements am zahlreichsten vor, welche vom Vater oder von der Mutter an den Sohn erteilt werden. Sie sind auch am längsten und inhaltreichsten. Am meisten gilt das eben Gesagte von den Chastïements, die der Vater an den Sohn richtet.

Die übrigen erwähnten, näheren Verwandten erteilen sich mehr oder weniger selten Lehren.

**Entferntere Verwandte:**
der **Onkel dem Neffen:**
Ch. des S. II. S. 100. ib. S. 101. ib. S. 102. Aubr. T. S. 20, 17. ib. S. 144, 8. Cov. V. 30. G. d. V. 229. G. l. L. II. S. 160 unten. Enf. O. 2616. A. et A. 1625. Gd. 6438.
der **Neffe dem Onkel:**
Charr. N. 422. ib. 438. A. 3465. Pr. d. P. 5599.
Die **Tante ihren Neffen:** B. d. C. 77.
Der **Grossonkel dem Grossneffen:** G. l. L. II. S. 187.
Der **Enkel dem Grossvater:** B. d. S. Chant XX, 495.
Die **Grossmutter dem Enkel:** Aub. 2392.

Chastïements, an denen meist noch entferntere Verwandte beteiligt sind, finden sich noch:

Aubr. T. S. 208, 25. G. l. L. I. S. 152, 6. ib. 239. ib. II. S. 30. Mort G. S. 84. R. d. M. S. 141, 14.

Gaufroi richtet B. d. S. Chant I, 582 Lehren an cheux de sa lignie.

Nach dieser Aufstellung spricht in den meisten Fällen der Onkel zum Neffen, einige Male auch der Neffe zum Onkel. Die übrigen Verwandtschaftsgrade kommen seltener vor.

Nur in drei Fällen (Gd. 4314. R. d. M. S. 80, 17. Aubr. T. S. 208, 25) stehen sich die Verwandten als **Feinde** gegenüber, sonst immer als **Freunde**.

Überhaupt kommt es selten vor, dass Personen, die sich als Feinde gegenüber stehen, einander Lehren erteilen. Ausser den bereits erwähnten Fällen sind noch folgende vier anzuführen: G. d. V. 986. Les L. Bl. 107ᵈ, 40. B. d. S. Chaut XX, 880. Gd. 3199.

Dagegen finden sich häufig Chastïements zwischen Freunden oder Kampfgenossen erteilt. (H. d. B. 2635. B. d. S. Chant XIV, 385. G. d. B. 10368. Chev. a. C. 3013. F. 3517 u. s. w.) Oft findet ein gewisses Abhängigkeitsverhältnis zwischen Chastïement-Geber und Chastïement-Empfänger statt.

Der Anführer spricht zu seinem Heer, der Kriegsherr zu seinen Mannen (siehe S. 45 ff. S. 60 Mitte), der Lehnsherr zum Vasallen (Ch. des S. II. S. 100. ib. S. 101. ib. S. 102. H. C. S. 95, 1), aber auch oft der Vasall zum Lehnsherrn (Pr. d. P. 5599. Charr. N. 754. Gd. 9842. Mac. 439. Ronç. S. 156. H. d. B. 245. ib. 1288. Gd. 3069). In diesen letzteren Fällen erscheint der Vasall meistens als der weise Ratgeber des Fürsten. Ein solcher par excellence ist der alte Herzog Naimes, andere sind Riol, Ratgeber Gaydons, Geriaume, Freund und Ratgeber Huons (H. d. B. 3114. ib. 8772), David, Ratgeber Mainets (Main. S. 335, 49).

Ferner erteilt der Dienstherr dem Dienstmann Lehren (Aubr. T. S. 97, 9), der Abt eines Klosters den ihm untergebenen Mönchen (B. d. S. Chant XII, 444), der Erzieher dem Zögling (Chev. a. C. 1210, ib. 1241, Main. S. 335, 49), der oberste Gerichtsherr den Richtern (H. d. B. 9881).

Einer der Richtenden seinen Genossen: H. d. B. 9906.

Chastïements, von der Geliebten dem Geliebten gegeben, finden sich J. d. Bl. 1770 und Enf. O. 2027 ff., von einem Gefangenen seinen Schicksalsgenossen: G. d. B. 10368. H. d. B. 6169. B. d. S. Chant XIV, 385.

Beim Gottesgericht richtet die Angeklagte an den Verteidiger ihrer Unschuld ein Chastïement (P. l. D. 5029), ebenso ihr Gatte (P. l. D. 549).

Conq. J. 3219 geben die Frauen, welche das Kreuzfahrerheer begleiten, den die Stadt Jerusalem angreifenden Kriegern eine gute Lehre mit auf den Weg.

Es könnte noch die Frage aufgeworfen werden, wer gewöhnlich der Aeltere sei, der Chastïements-Geber oder der Chastïements-Empfänger. Diese Frage ist nicht immer mit Sicherheit zu beantworten, da wir in vielen Fällen die Altersbeziehungen der beiden am Chastïement beteiligten Personen nicht bestimmen können; so bei allen den Chastïements, die von Einem oder Mehreren an Viele gerichtet werden, weil dann die Letzteren blos allgemein beschrieben werden. In den meisten Fällen lässt sich jedoch erkennen, wer der Aeltere ist von Beiden, und man kann kühnlich behaupten, dass zwar nicht immer der Aeltere die Lehren erteilt, (wie wir schon bei Betrachtung der verwandtschaftlichen Beziehungen zwischen Chastïements-Geber und Chastïements-Empfänger gesehen haben) aber doch zumeist.*)

In vereinzelten Fällen erteilen sich auch ungefähr Gleichaltrige Lehren, z. B. P. l. D. 2264 (Milchbrüder).

---

Bevor wir die Chastïements betrachten, die von heidnischen Personen gegeben werden, sind noch einige wenige anzuführen, bei denen übernatürliche Wesen ins Spiel kommen.

Erwähnt wurde bereits die Feenkönigin Brunehaus, die ihrem Sohne Jules César und ihrem Enkel, dem Elfenkönig Auberon gute Lehren erteilt. Aub. 1075. ib. 2392.

---

*) Zu den Ausnahmen gehören wohl auch die Chastïements, die Herzog Naimes an Charlemagne richtet. Naimes erscheint in den Chansons de geste zwar immer als alter Mann, aber er ist doch wohl noch jünger als Karl der Grosse. Gerade in den Chansons de geste, in denen die Chastïements vorkommen, welche Naimes Charlemagne erteilt, wird der Letztere als sehr alt dargestellt (H. d. B. 245. ib. 1288. Ronç. S. 156 Mitte. Gd. 9842. Mac. 439). Er ist z. B. in der Chanson Gaydon über 200 Jahre alt.

Weiter tritt in Huon de Bordeaux ein **Geist**, le luiton Malabron, der Vater des Helden Robastre, als Chastïement-Geber auf und zwar Huon gegenüber. H. d. B. 5387. ib. 7115.

Endlich erteilen auch manchmal **Engel** als Abgesandte Gottes Lehren. In B. d. S. Chant XI, 477 sucht ein Engel den heidnischen König Polibant zu bekehren. V. d. Ch. 674 erscheint ein Engel Karl im Traum und tadelt ihn für seine Verspottung des Kaisers von Constantinopel Hugues:*)

„Charles, ne t'esmaier, ço te mandet Jesus,
Des gas qu'erseir desistes (moult) grant folie fut.
Ne gabez (ja) mais hume, ço te mandet Cristus;
Va, si fai cumencier, ja nen (i) faldrat uns." V. d. Ch. 674—77.

Wir haben nun die **heidnischen** Chastïements einer näheren Betrachtung zu unterwerfen. Wie bereits mehrfach erwähnt wurde, sind es ihrer sehr wenige, die in den Chansons de geste vorkommen. Ich habe nur sechs auffinden können. Sie bieten wenig Neues. Besonders lange und inhaltreiche finden sich nicht unter ihnen. Gewöhnlich sind sie kurz gehalten. Die Personen, welche Lehren geben und die, welche sie empfangen, weisen hinsichtlich ihres Standes, sowie hinsichtlich des Verhältnisses, in dem der Chastïement-Geber zum Chastïement-Empfänger steht, wenig Verschiedenheit von den korrespondierenden christlichen Personen auf. Ich führe jetzt die heidnischen Chastïements der Reihe nach an.

Das längste unter ihnen findet sich Ag. 1206 (vergl. S. 19 unten). Balan, der Ratgeber Agolants spricht zu seinem königlichen Herrn.

---

*) Karl glaubt fest an die Verheissung des Engels. Nicht immer finden wir in den Chansons de geste diesen festen Glauben an Träume.
„Li hom qui croit en songe a bien Deu renoié," sagt Renaut in R. d. M. S. 172, 2 zu seiner Frau, die durch einen bösen Traum, den sie gehabt hat, dazu bewogen, ihn davon abhalten will, sich in den Hinterhalt zu begeben, der ihm von Karl bei Vaucouleur gelegt worden ist.

Enf. O. 2027. Die Königstochter Gloriande richtet beim Abschied an ihren Geliebten, den Ritter Karahues ein Chastïement:

    Dist Gloriande: „Karahues, je vous proi
    Que vous gardez de parler à desroi,
    Je le vous lo par la foi que vous doi,
    Car François sont gent de moult grant bufoi." Enf. O. 2027—30,

G. d. B. 5315 erteilt der **König** Carbarans seinem Vetter, dem **König** Cornumarans, der einen Zweikampf auszufechten hat, eine Mahnung zur Tapferkeit. (Vergl. S. 43 Mitte). Hier spricht also ein König zu einem andern König, ein Fall, der auf christlicher Seite nicht vorkommt.

Acq. 2851. Der König Acquin richtet vor der Schlacht einige anfeuernde Worte an sein Heer.

B. d. S. Chant I, 401. Der König Rouge-Lions an seine Krieger vor dem Kampfe.

ib. Chant XVII, 794. Der König Arges, ein Sonnenanbeter, an seinen Sohn Croissant. (Vergl. S. 6 unten.) Wie schon erwähnt, ist dies die einzige Stelle, welche auf eine heidnische Religion Bezug nimmt, auf den Sonnenkultus.

Noch muss einiger Chastïements gedacht werden, welche von **Christen an Heiden** erteilt werden. Chastïements dieser Art sind ebenfalls selten und scheinen sich hauptsächlich in den späteren Chansons de geste zu finden; denn vier von den fünf Stellen, welche hierher gehören, kommen in Bauduin de Sebourc vor, welche Chanson de geste aus dem 14. Jahrhundert stammt, und eine in Les Enfances Ogier.

Zwei von den vier, die in Bauduin de Sebourc sich finden, sind Bekehrungsversuche, enthalten also die Mahnung, an den Christengott zu glauben und werden gerichtet einmal von dem Ritter Bauduin an den heidnischen König Polibant, das andere Mal von dem Ritter Hues d'Odequin an den heidnischen König Ector de Salorie. B. d. S. Chant XI, 211. ib. XXII, 113.

Die beiden andern Chastïements in Bauduin de Sebourc werden an denselben Ector de Salorie erteilt und zwar das eine Mal von dem christlichen Helden Hue de Tabarie, der als Gesandter zu ihm kommt, das andere Mal von dem zum Christentum bekehrten König Corborans. B. d. S. Chant XXII, 716. ib. 285. In dem letzteren Falle spricht wieder einmal König zu König. Beide Stellen enthalten die Lehre, gerecht zu richten. In den Enf. O. erteilt Ogier dem heidnischen König Brunamont, mit dem er kämpft, die Weisung, das Prahlen zu lassen. Enf. O. 4043.

Wie wir sehen, werden alle diese Chastïements an Könige gerichtet; auch von den Chastïements, die ausschliesslich auf heidnischer Seite gegeben werden, lässt sich sagen, dass Könige in hervorragender Weise daran beteiligt sind, dort freilich mehr als Chastïement-Erteiler. Ueberhaupt sind die Heiden in den Chansons de geste immer viel mehr mit Königen gesegnet als die Christen. In Bauduin de Sebourc z. B. wimmelt es von Königen.

Alle die Chastïements, welche Heiden von Christen gegeben werden, sind inhaltlich unbedeutend, meist kurz gefasst. Die daran beteiligten Personen stehen sich als Feinde gegenüber, denn in den Chansons de geste sind Heiden und Christen von Natur Feinde; wenigstens kommt es sehr selten vor, dass Christen und Heiden Freunde sind und wenn es der Fall ist, dann neigen sich Letztere gewöhnlich insgeheim in ihrem Herzen dem Christentum zu. (Naimes und Balan in Agolant. Ogier und Karahues in Les Enfances Ogier). Neues bezüglich des Charakters von Chastïement-Geber und Chastïement-Empfänger, sowie bezüglich ihres gegenseitigen Verhältnisses findet sich nicht.

---

Die Chastïements werden von den Dichtern meistens an die Namen von hervorragenderen Personen geknüpft, die mit der Handlung innig verwebt sind. Selten kommt es vor, dass Haupthelden einer Chanson de geste weder als Chastïement-Geber noch als Chastïement-Empfänger auftreten. Minder bedeutende Personen, die in den Gang der Handlung wenig oder gar nicht eingreifen, **erteilen** viel häufiger Lehren, als sie welche **empfangen**.

Schildert der Dichter die Kindheit seines Helden ausführlicher, so fehlen für diese Zeit Lehren selten, die dem Kinde zumeist von Vater, Mutter, Erzieher aber auch von anderen Personen erteilt werden. Nach dieser Kindheitsepoche seines Helden richtet der Dichter die Chastïements häufiger an andere Personen. (Ausnahme: Huon de Bordeaux, der auch im Mannesalter noch häufig Chastïements empfängt).

Wenn der Dichter mehr die Schicksale einer **Gesammtheit** (z. B. eines ganzen Heeres) als die eines einzelnen Helden zum Gegenstande seiner Schilderung macht oder wenn er die Geschicke eines Haupthelden in innige Beziehungen setzt zu denen einer Gesammtheit, so werden auch häufiger Lehren an diese **Gesammtheit** erteilt als an Einzelpersonen. So z. B. in Godefroid de Bouillon, Conquête Jérusalem, Chanson d'Antioche, Roman de Ronçevaux.

Ist die Haupthandlung einer Chanson mit vielen Nebenhandlungen umwoben, deren Held der Hauptheld der Chanson nicht ist, so gruppieren sich auch die Chastïements mehr um die Nebenpersonen. So z. B. in Gaydon, wo der Hauptheld Gaydon bei Chastïements nur wenig in Frage kommt, während andere Personen viel öfter berücksichtigt werden.

# IV. ABSCHNITT.

## Formelles.

Die Chastïements sind fast durchgehends in **direkter Rede** abgefasst. Sehr selten nur begegnen wir der **indirekten Rede**, z. B. im Ch. des S.:

> Sovant se joe as ax, sovant les araisone,
> Par douce parole les les chastïe et sermonne
> Que il taignent au droit foi les droiz de la corone. Ch. des
> S. II. S. 105, 3—5.

Im Allgemeinen lässt sich nicht behaupten, dass die Chastïements eine festausgeprägte, stehende Form hätten. Dies gilt nur von wenigen. Am meisten noch nähern sich der Gestalt einer feststehenden **Formel** diejenigen Chastïements, die beim **Ritterschlag** erteilt werden (neben den beiden, schon S. 38—40 näher behandelten). Sie überschreiten selten die Länge von vier Versen. Zuerst kommt gewöhnlich die Ritterschaftserklärung mit den Worten „Tien" oder „Chevaliers soies" (zugleich mit diesen Worten erfolgt der Ritterschlag [la colée], der gewöhnlich mit der Hand auf die Schulter des Junkers geführt wird, das Symbol der Aufnahme in die Gemeinschaft der Ritter), dann folgen gute Wünsche für den neuen Ritter („Diex te croisse bontés et vaselage et prouece et firtés" oder

„Jhesus te puist salver!" oder „Dame Dex te consaut" etc.), die aber auch fehlen können, und den Schluss bilden eine oder mehrere allgemein gehaltene Lehren. Ich lasse einige Beispiele folgen:

„Tien, Rainouars, Diex te croisse bontés
Et vaselage et prouece et firtés!
De couardise ne soiés ja retés;
Se mieudres n'estes, mes parens resamblés." Alisc. 8021—25

„Or tien, ce dist le rois, Jhesus te puist salver!
Dame Dex te consaut, qui tot a à garder!
Garde envers ton seignor, ne weilles meserrer." R. d. M.
S. 48, 32—34.

„Jhesus de gloire, qui tant a poesté,
Te doint proesse et honor et bonté;
Chevaliers soies desormais apelés,
Soies preudons et plains de loiauté." Hervis de Metz S. 595.
(Hist. litt. d. l. Fr. Bd. XXII.)

(Hier steht die Ritterschaftserklärung erst später, was seltener vorkommt).

Puis dit: „Chevaliers soies; par tel devision
Que tous jours portes foi à ton seignor par non.
Hardi soies as armes et fier comme lion." G. 9209—11.

„Chevaliers soies, dist li pères, biaus fix,
Et corageus envers tes anemis." Chev. O. 7315—16.

Das Chastïement kann auch in der Ritterschaftserklärung enthalten sein:

„De moi de mambre, soies boin chevalier." G. d. V. 229.

Für die Chastïements, welche bei anderen Veranlassungen erteilt werden, lässt sich im Allgemeinen kein bestimmtes Schema des Baues feststellen. Die gegebenen Lehren nehmen manchmal nur einen kleinen Teil der ganzen Rede ein, sind getrennt durch Interpolierungen von ganz verschiedenartigem Charakter, oder derartige Einschiebsel folgen dem Chastïement oder gehen ihm voraus.

Mit den Chastïements, die beim Abschied gegeben werden, findet sich häufig eine Empfehlung des Scheidenden in Gottes Schutz verknüpft. Diese

Empfehlung kann entweder den Lehren folgen oder ihnen vorausgehen. Das Erstere findet statt z. B. in B. a. p.:

„Fille, ce dist li rois, ressamblés vostre mere;
Ne soiés vers les povres ne sure ne amere,
Mais douce et debonaire et de bone matere,
Si k'à Dieu et au siècle la bontés de vous pere.
Car qui ainsi le fait, moult noblement se pere,
Et cil qui bien ne fait, en la fin le compere.
Ainc plus bele de vous ne vit rois n'emperere,
Je vous conmant à Dieu qui est vrais gouvernere,
Qui en cors et en ame en soit dou tout gardere." B. a. g. p.
138 – 146.

Das Letztere z. B. in A. 322—26.

„Or en ires en Franche, Aiols, fiex gens,
Je uous commano a dieu omnipotent
Qui fist et mer et ciel et tere et uent,
Qui de mort nous deffenge et de torment.
Biaus fieus, or soies sages et de oler sens. etc.

Oder in J. d. Bl. 1777—79:

„Tu t'en vas, anfes, a Dammeldeu congié,
Je te commant an glorioz dou ciel,
Qui te garisse de mort et d'encombrier." etc.

Die Empfehlung an Gott kann aber auch kürzer gefasst sein:

Dist l'apostoles: „Vat ent à Damedé!
Biaus très dous niés, gardés vo loiauté." H. d. B. 2602—2603.

Manchmal wird der Scheidende noch ausserdem dem Schutze eines Heiligen empfohlen:

„Or y va, de par Dieu et de par saint Thomas,
Qui te vueille advancer, quant au païs venras." D. d. M.
2414 – 15.

Diese Empfehlungen in Gottes Schutz finden sich zuweilen auch getrennt von den Chastïements, so Chev. a. C. 1254 ff., oder sie werden beim Abschied wiederholt, werden also mehrfach gegeben, so D. d. M. 2621.

Die Chastïements, die im Hinblick auf einen bevorstehenden Kampf erteilt werden, begleitet der Chastïement-Geber öfters mit der Versicherung, dass er selbst mit gutem Beispiel vorangehen und an Tapferkeit Niemandem nachstehen wolle:

„Signeur, ce dist Ogiers, france gent honnerée,
Gardés male canchons n'en soit de nous cantée,
K'il n'i ait couardie faite ne pourparlée,
Vés la tour qui est ja en maint liu effondrée;
Ja seront avec nous la pute gent dervée.
Mais, par icel Signeur qui fist ciel et rousée,
Ançois que l'ame soit de mon cors desevrée,
Se Diex sauve mon branc, c'est Courtain l'adurée,
J'ocirai de paiens une grant caretée." F. 5350—58.

Aehnlich F. 3517.

Manchmal weist der Chastïement-Geber vor dem Kampfe auch auf die reiche **Beute** hin, die sie machen würden: Mac. 2565—72. B. d. S. I, 582, oder auf sein **gutes Recht** und das Unrecht der Gegenpartei: B. d. S. XVIII, 25, oder, bei einer Schlacht gegen Heiden, auf den **himmlischen Lohn**, der den von Feindeshand fallenden Kriegern zu Teil werden würde:

„En Deu aiés fiance, qui nos tient à ses fis.
En gloire parmanable iert chascuns fait s'eslis:
Tot serés coroné devant Jhesu et mis;
Et gardés Deu vengier ne soit nus resortis,
Mais tos jors del miex faire soit chascuns manevis." Conq. J. 2153—57.

Aehnliche Stellen finden sich: ib. 917, D. d. M. 10493. G. d. B. 8531. J. d. Bl. 2745.

In den Chastïements, die gegeben werden, um Jemanden von einer unbesonnenen That zurückzuhalten, wird öfters auf die **Folgen** hingewiesen, die die Vollführung dieser That haben würde:

Dist Savaris: „Peres, por Deu mercis,
Ne faire chose dout tu soiez reprins.
Harbergié as cest chevalier de pris;
Se mal li faitez, très bien en soiez fis,
Jamais nen ierez en haute cort oïs." Gd. 4314—18.

Auch Mac. 839. Gd. 6805.

Manchmal beginnt der Chastïement-Geber mit der **Versicherung seiner Liebe und seines Wol-**

wollens (besonders, wenn es der eigene Sohn ist, zu dem er spricht):

„Biaus fils dist il je vous aim et tienc chier." Les L. Bl. 55ᵃ, 30.

„Biaus fius," dist ele „moult vous aim et tien chier;
Mais d'une cose te uneil te chastoier,
Dont tu auroies a tous jors renprouier." Aubr. T. S. 170, 6—8.

In vielen Fällen folgt den erteilten Lehren eine nähere **Begründung** (gewöhnlich mit car eingeleitet):

„Mais à l'amour de Dieu ayés le cuer enclin,
Car c'est la vraye amour qui jamais n'ara fin." G. d. B. 6865—66.

„Vassaus, créés à Dieu qui fist de l'iauwe vin
Le jour qu'il sist au noches de saint Archéteclin;
Car li loi Mahoumet ne vaut j. angevin.
Mahons n'a de poissanche nient plus que j. mastin." B. d. S. Chant XXII., 113—16.

„Et donne aux povres gens aussi, quant tu l'aras,
Car Dieu te rendra tout; au double le raras." D. d. M. 2434—35.

u. a. m.

Manchmal führt der Chastïement-Geber, um die Wirkung seiner Lehren zu verstärken, berühmte **Muster** an, so bei einer Empfehlung der Freigebigkeit **Alexander den Grossen**:

„Bien savés che Alixandre sourmunta tote gient
Trou plus par bien prometre et donier noblement
Che par nule autre çouse, com vous oiés sovent." Pr. d. P. 5603—5.

Oder bei einer Ermahnung, den Tod willig und ruhig hinzunehmen, bekannte **Märtyrer**:

„Sains Piéres et sains Pol, sain Mahieu, sains Firmin,
Furen tout martiriet et mis á dure fin,
Pour aquerre le trosne où sont li Sarrasiin." B. d. S. Chant XIV, 391—9S.

In Godefroid de Bouillon wird zu demselben Zwecke eine kleine **Geschichte** verwendet:

„Celui tenray à sage qui se confiessera:
Alons-y nettement, et Dieux nous amera.
Une bataille fu ens où temps qui passa,
Es livres ancyens où j'ay léut piéça,
Que doy contraire roy, dont cascuns fort régna,

Prierent jour de bataille; ly plus fors se hasta.
Bien avoit X contre ung; mais pécies l'encombra
Par le péciet d'un homme que Dieux ly révéla
En moru C miliers, ne vous en doubtés já.
Et pourtant je vous pry, et deçà et delá,
Que trestous ly plus grans de tous ciaus qui sont çá
Se voelle iestre petis etc." G. d. B. 8516—27.

Aehnlich in R. d. M. S. 13, 28—34.

„Membre vus de Doon, vo frère le guerrier.
Entre lui et Girart ki mult s'avoient chier,
Asses le guerroiérent au fer et l'acier;
Mais à la pardefin ne porent avancier.
Fuir les en covint et le païs vuidier.
Par l'esfors des amis les fist il repairier.
Par la proesce d'aus n'en quist autre loier."

(Hier wird also ein Beispiel angeführt, von dem der Belehrté ganz genau weiss).

Zuweilen stellt sich der Chastïement-Geber auch selbst als Muster auf:

„Biax fix Bernier, ce dist li viex Ybers,
Hardis soiés et chevalier en grés.
Tant que je fui meschins et juvencel,
Soi-je molt bien maintenir mon cenbel,
Et de ma lance à droit porter le fer." R. d. C. S. 229.

Am Schlusse seines Chastïements (in seltenen Fällen auch zu Anfang: Gd. 6438) weist der Chastïement-Geber oft auf den Nutzen und die Vorteile hin, welche die Befolgung seiner Ratschläge gewähren würde:

„Et se vous faittes çou que je voy devisant
Vous arés plus d'onneur c'oncques n'en orent tant
Tout chil qui ont régné et qui iront régnant." G. d. B. 3504—6.

„Par ce serez honorez et servis." A. et A. 1632.

Aehnlich R. d. C. S. 319. G. l. L. II. S. 160. Gd. 6468 u. s. w.

Schliesslich mag noch eines humoristisch gehaltenen Chastïements gedacht werden, das sich in Gaydon findet:

Sez fiz escrie: „Or ne soiez tailli;
Se bien nel faitez, par foi le voz plevis,

Ancui serez au meugier assiz:
Dou lait aurez qui ert sau. ues boillis,
Ja d'autre mes n'iert vos ver.res farsiz.
Se bien le faitez, par Deu de paradis,
Assez aurez de moutons, de brebis,
Pois et fromaige, bien iert chascuns servis.
G'en proierai vostre merc Aelis." Gd. 6986—94.
(Gautier an seine Söhne).

---

Es erübrigt, die **Antworten**, die auf die Chastïements gegeben werden, einer kurzen Betrachtung zu unterziehen, da sie ja mit dem Gegenstand unserer Abhandlung in naher Beziehung stehen.

Sehr häufig erfolgt auf die Rede des Chastïement-Gebers eine Erwiderung, die jedoch nicht immer auf die erteilten Lehren Bezug nimmt. Diese letztere Art von Antworten haben wir natürlich ganz ausserhalb des Kreises unsrer Betrachtung zu lassen.

Wie die Chastïements selbst, so werden auch die Entgegnungen darauf in den allermeisten Fällen in **direkter** Rede gegeben. Ein Ausnahmefall ist es, wenn wir einmal eine solche in **indirekter** Rede abgefasst finden, z. B. Conq. J.:

> Et Crestien respondent adonques à haus cris,
> Que anchois mengeront la char de lor ronchis
> Que Jursalem ne prenent, où Dex fu morset vis.
> Et le verai sepulcre où il fu surrexis;
> Si le delivreront des felons arrabis. Conq. J. 2158—62.

Manchmal wird die Antwort blos angedeutet:

> Li quens Robers de Flandres doucement l'en mercie. Ch. d'A.
> II. S. 114, 16.

Die Chastïements werden in der Regel **beifällig** aufgenommen und daher sind auch die Antworten gewöhnlich **zusagend**, den gehörten Lehren Beifall zollend. In den meisten Fällen enthalten sie die **direkte**

Versicherung, dass man die den gehörten Lehren befolgen wolle.

„Ce ferai iou, biaus pere" che dist li ber. A. 179.
Et dist li enfes: „Je ferai vo plaisir." Chev. O. 7338 u. s. w.

In vielen Fällen sind die Entgegnungen ganz kurz gehalten, bestehen nur aus wenigen Worten. Ich lasse einige Beispiele dieser Art folgen:

„Si ferai, se Dieu le moi consent." Pr. d. P. 5626. Aehnlich H. d. B. 2604. Mort G. S. 84.
„Si serai je, se deus m'en veut aidier." G. d. V. 230.
„A vostre plaisir iert." H. d. B. 216. ib. 569.
„Sire, vostre merci." G. l. L. I. S. 152, 9. Aehnlich Aub. 1079.
„Diex l'otroit et son non." G. 9212.
„Diex le m'otroie." H. d. M. S. 595.
„Dex en set mon pensé." P. l. D. 506. ib. 556.
„Il est en dieu, sire." G. l. L. II. S. 160 unten.
„Voir dites, par mon chief." Cor. L. 216.
„Si soit com dit avés." Alin. 8024.
„Sire, si com vous comandés." Ch. d'A. II, S. 274, 6.
„Tot soit à vo talent." Mac. 2571.
„Vous alés bien parlant." B. d. S. Chant I, 401 u. a. m.

Aber es finden sich auch häufig längere Antworten, und dann wird meistens der Hauptinhalt des Chastïements, gewöhnlich in andrer Form, wiederholt:

„Ne t'esmaier, parrins!" dist Auloris,
Bien a passe trois ans touz acomplis,
Que de bien fairé ne fui volenteis;
Mais de mal querre sui touz amanevis.
Mors est Amiles, ne voz esmaiez si.
Par deu, bien le me sanble." A. et A. 1633—38.

(Vergl. S. 32 oben, wo das vorausgehende Chastïement angeführt ist).

Et dist li cuens: „Vos dites voir, beau niés,
La léauté doit-l'en toz jorz amer:
Dex le commande, qui tot a à jugier." Carr. N. 442—44.

Folgendes Chastïement ging dieser Antwort voraus:

Dist Bertrans: „Sire ne dites gas que bers.
Vo droit seignor ne devez menacier,
Ains le devez lever et essaucier,
Contre toz homes secorre et aidier." Charr. N. 438—41.)

Dist Karahues: „Bele·ı· ːdez moi
Li cuers dou ventre me . . quant je vous voi.
Vous le me dites bien, ainsi le croi;
Pour vostre amour parleroi par conroi,
Je vous commant as diex de nostre loi." Enf. O. 2031—34.
(Vergl. S. 65 oben).

Einmal kommt es auch vor, dass die Antwort nicht nur den empfangenen Lehren beistimmt, sondern auch noch die Versicherung enthält, anderweitige Vorschriften zu erfüllen, von denen in dem vorausgehenden Chastïement gar nicht die Rede war.

„Sire, che dist Aiols, c'est uerites,
Bien conoi que c'est uoir que dit aues.
Or uous pleuige bien ma loiauté,
Ne ferai couardie en mon ae
Ne felonie traison porpenser,
Ne ia a mon linage ne sera reproue
C'ou i truisse boisdie ne lasquetes." A. 305—11.

Manchmal enthält die Entgegnung blos eine Anerkennung des Chastïements-Gebers:

Et dist Laubers „n'estes mies lainier.
Cil fut molt saiges ke vos duit anseigner." G. d. V. 994—95.

„Dieux! dient crestyen, véchy boin Jacobin!
Bien nous soet praicier au soir et au matin." G. d. B. 6867—68.

Dieser Anerkennung ist zuweilen auch eine Zusage, die empfangenen Ratschläge zu befolgen, beigefügt:

„Damoiseus, mout par estes frans et ientis,
Et ge ferai del tout a uo plaisir." A. 3469—70.

In B. d. S. kommt einmal der Fall vor, dass eine Antwort zugleich wieder ein Chastïement enthält, welches natürlich an den Erteiler des vorausgehenden Chastïements gerichtet ist:

„Gaufrois vous dites voir, par le corps saint Elie
Or pensés d'essauchier fausetet et envie;
Car vous n'en sarez ja tant penser en vo vie,
Qu'il samble à nous tous trop poi de la moitié." B. d. S.
Chant I, 588—91.
(Vergl. auch S. 32 Mitte).

Der Inhalt dieses zweiten ...ïements ist ungefähr derselbe, wie der des ersten. Ausser an der eben erwähnten Stelle in B. d. S. kommt es nicht vor, dass die Antwort auf ein Chastïement wieder ein solches enthält.

Nicht immer jedoch erfreuen sich die Chastïements einer günstigen Aufnahme. Ih Gaydon begleitet der Vater Hernaut seine Erwiderung auf die Ratschläge seines Sohnes mit einer Verwünschung:

„Tais toi, dist il Dex te puisse honir!
Si m'aït Dex, ainz ne m'apartenis." Gd. 4324—25.

und in Renaut de Montauban befiehlt der Graf Beuves d'Aigremont seiner Frau, unwillig über die Lehren, die sie ihm erteilt hat, sich nach ihren Gemächern zu begeben und dort ihren Zofen zu predigen, aber nicht ihm.

„Dame, ce li dist Bues, ales vos ombroier
Et par dedans vos chambres qui sunt paintes d'ormier,
Laiens o vos puceles penses de chastoier;
Penses de soie taindre, ce est vostre mestier.
Li mieus mestier si est de l'espée d'acier
Et ferir et joster encontre i. chevalier.
Mal dehé ait la barbe à nobile princier
Ki en chambre de dame vait por lui conseiller." R. d. M.
S. 13, 37.

Dies sind jedoch nur **Ausnahmefälle**, in der Regel werden die Chastïements, wie schon gesagt worden ist, beifällig aufgenommen.

Am seltensten erfolgt eine Antwort auf die Chastïements, die während oder vor einer Schlacht an ein ganzes Heer gerichtet werden. Wird in einem solchen Falle eine Erwiderung gegeben, so beteiligen sich in der Regel Alle daran, seltener antwortet nur Einer aus der Schaar.

# LEBENSLAUF.

Ich, *Wilhelm Alfred Eugen Altner*, wurde am 28. April 1863 zu Borna in Sachsen geboren. Meine erste Bildung erhielt ich in der Bürgerschule meiner Vaterstadt. Vom 10. Jahre an besuchte ich die Realschule I. O. zu Borna und bestand an derselben Schule Ostern 1880 die Maturitätsprüfung. Michaelis 1880 bezog ich die Universität Leipzig und widmete mich hier während fünf Semestern dem Studium der neueren Sprachen. Anfang März 1883 ging ich zu meiner weiteren Ausbildung ins Ausland, zuerst nach England, dann nach Frankreich, kehrte jedoch Ende Oktober desselben Jahres nach Deutschland zurück, um meine Studien in Leipzig wieder aufzunehmen. Während meiner Studienzeit in Leipzig hörte ich Vorlesungen bei den Herren Professoren und Privatdocenten: *Birch-Hirschfeld*, *Biedermann*, *Drobisch*, *Ebert*, *Heinze*, *Hermann*, *Hildebrand*, *Hofmann*, *Masius*, *Techmer*, *Wolff*, *Wülcker* und *Zarncke* und war in dem mittelhochdeutschen und althochdeutschen Seminar der Herrn Professor *Zarncke*, dem pädagogischen Seminar des Herrn Professor *Hofmann* und der altfranzösischen Gesellschaft des Herrn Professor *Ebert* tätig. Allen meinen Lehrern bin ich zu grossem Danke verpflichtet.